我 与 冯 至

姚可崑 著

湖南人民出版社 ·长沙·

声音演绎文字之美·声音构筑文学世界·声音记录文化传承

● 如何收听《我与冯至》全本有声书?

① 微信扫描左边的二维码关注"领读文化"公众号。
② 后台回复【我与冯至】,即可获取兑换券。
③ 扫描兑换券二维码,免费兑换全本有声书。

● 去哪里查看已购买的有声书?

方法 ①
兑换成功后,收藏已购有声书专栏,
即可在微信收藏列表中找到已购有声书。

方法 ②
在"领读文化"公众号菜单栏点击"我的课程",
即可找到已购有声书。

用文字照亮每个人的精神夜空

微信 | 微博 | 豆瓣　领读文化

前言

　　一个八十五岁的女人，能有机会谈一谈跟她的伴侣共同度过的几十年的生活，自己感到是一种荣幸。但是用文字表达彼此多年来相亲相爱、互助互谅、两心相印的情况，并不是一件容易的事。因为我们二人都是平凡的人，没有从事过什么轰轰烈烈的事业。在中国社会发生重大变化的岁月里，我们和中国一般的老百姓一样，都不免要经历某些必然的苦难和欢乐。但总的看来，我们一生的旅途上并不曾受到过什么带有致命性的打击。换句话说，生活很平凡。平凡的人走着平凡的路，有什么可说的呢？要说，只有说我们是怎样平凡的。

　　此外，还有两种情况对我很不利。一是我在 1938 年秋患过一次十天不省人事的重病，病愈后记忆力锐减，不仅有些往事想不起来，就是最近的事也常常忘却；二是我们二人的通信和亲友们的信件，我们保存多年，不幸这些最可靠而又可贵的资料，在十年浩劫中为了避免所谓革命群众的吹毛求疵、鸡蛋里找骨头，从而再增添什么麻烦，都忍痛销毁了。虽然如此，方才提到的那种"荣幸感"还促使我在可能的条件下写"我与冯至"这篇东西。在必要时，我就请冯至帮助我回忆，并参考他发表的一些诗文以及他残缺不全的日记。

目 录

我们是怎样认识的

遇见的那两个青年原来是一个人 ………… 002
我编《妇女周刊》他写诗 ……………… 004
走进那座花园 …………………………… 009

两年阔别

冯至去后 ………………………………… 016
填补一个空虚 …………………………… 021

国外的岁月

在爱西卡卜 ……………………………… 028
在海岱山学习 …………………………… 032
我们交游的朋友 ………………………… 037
各自述说个人的身世 …………………… 042

黑林区与罗迦诺 ………………… 052
冯至预备博士论文 ………………… 055
难忘春城花满枝 ………………… 058
结婚与归途 ………………………… 061

回国后的前四年

在北平 ……………………………… 066
在吴淞 ……………………………… 078
跟着同济大学迁徙 ………………… 086
到了昆明 …………………………… 098

昆明,他的第二故乡

贫穷与疾病 ………………………… 106
报国寺街与怡园巷 ………………… 110
故旧与新知 ………………………… 115
写作生活之一 ……………………… 120
克服孤寂的心情 …………………… 126
写作生活之二 ……………………… 133
歌德与杜甫 ………………………… 137
文艺活动 …………………………… 140

冯姚平入小学以后 …………………… 145
冯姚明的诞生 ………………………… 150
重庆羁旅 ……………………………… 156

回到北平

旧地重温 ……………………………… 160
家庭生活 ……………………………… 165
写作生活之三 ………………………… 168
歧路与决断 …………………………… 173

丰富多彩的十七年

从北平解放到新中国的成立 ………… 182
努力做人民教师 ……………………… 186
冯至在国外和国内几处的访问与工作 … 202

结束语 ………………………………… 216

我们是怎样认识的

遇见的那两个青年原来是一个人

从 1926 年春到 1931 年暑假，我在北京女子师范大学学习。我在学校里既循规蹈矩，又有些调皮捣乱。循规蹈矩是专心听课，认真考试。我专心听课，教师的一言一语，我都不放过，在课堂上从来不开小差。但也正因如此，有个别教师不负责任，上课敷敷衍衍，或自命不凡，轻视女学生，那我就不客气了。我常常在班里带头挑剔他们的毛病，在他们讲课的内容上提问，问得他们无法回答，致使他们无法教下去。这样，我就成了一个调皮的学生。在赶走的教师中，的确有的是不称职的，但也有人学有专长，只是由于一时疏忽，被我们气走了。对于这样的教师，后来我内心里不知向他们道过多少次歉。被赶走的教师，多半是兼课的。

1927 年暑假后我预科毕业，入了本科国文系。这学期来了一位兼课教师杨晦，他教我们英汉翻译。他诚恳谦虚，认真备课，一丝不苟，讲课条理清晰，善于发挥，很能引人入胜，我仔细听讲，不仅没有挑出什么漏洞，反而对他很尊敬。1928年夏，有一次我因事到他家去拜访他（他独自住西城区某胡同的一个小院，胡同的名称我忘记了）。交谈时，有一个青年不言不语坐在他的对面。杨晦没给我介绍，我也没向那青年打招呼，谈完了我们要谈的事我就走了。

事后不久，我和两个同班好友游中山公园，在后河沿小坐，遇见比我高一年级的同学郝荫潭和一个青年在一起从我们面前走过。那时郝荫潭是杨晦的女友，我的一个同学说，和郝一起散步的这位男士外表可是比杨晦要体面些，我毫不在意地说了一句："咱们不管人家的事。"

我当时并没想到，在杨晦处偶然遇见的那个青年和在公园里与郝荫潭一起散步的青年竟是一个人，我更不会想到这"一个人"就是后来成为我终身伴侣的冯至。

我编《妇女周刊》他写诗

1929年初杨晦主编《华北日报副刊》，同时又利用"副刊"的篇幅办两三个周刊，其中一个是《妇女周刊》。他约我编这个周刊。我周围的同学都赞成我承担下来，一位高年级、年龄较大的学长王葆廉（字如璧）极力劝我提起精神好好干。于是我们女师大和其他院校的几个同学聚在一起，组织一个小团体搞编辑工作，同时也是撰稿人，谈论当时大家关心的一些妇女问题。《妇女周刊》于1929年2月2日创刊，每星期六在《华北日报副刊》的版面上和读者见面。这周刊共出了十七期，到5月25日就停刊了。作者大都不署真名，起了些各种各样的笔名，而且常常更换，几乎是每期都出现一些"新作者"。姚嵩是我的正式笔名，在第一期我写的发刊词却署名尧颂。文章谈的问题不够深刻，文笔浮泛，我那眼高手低、又不肯深入钻研的习性经常缠绕着我，使我苦恼。但办刊物的情绪很高，其动力还是来自杨晦。我不知道，那时候他心中是否渐渐有了为他的那位朋友着想的念头。更不会想到，他的那位朋友的心中也渐渐有了一种念头。他鼓励我们编，给我们打气，有时还找我们到他家中会谈，吃便饭。我们会谈时，又是常看见那个青年默默无言地在一边干他自己的事。吃饭时同桌的除了那个青年外，还常有陈炜谟、废名等人，以及郝荫潭的好友张君，她是学绘画的，性格泼辣爽快。

记得1929年2月14日，说是杨晦和郝荫潭同一天的生日，他们约我们去吃午饭，我和王葆廉兴致勃勃地参加了他们的宴会。酒席丰富，群贤毕至，围坐了一大圆桌。席间那位一向默默无言的青年却一反常态，与那位泼辣爽直的张女士谈笑风生，猜拳行令，不住地举杯向主人称庆，大家也共祝双寿，空气颇为活跃。王葆廉大姐观察敏锐，似乎早有觉察，她在座旁笑着对我说，这桌上将来还要出现一对爱人。我立即回答说："一定，一定。"我猜想的是谈笑对饮的那两个人。王大姐一听话不对头，立即默然，不再说什么了。回校以后，她和我品评这次宴会上的人物。我说，席间的女士们都有她们各自的可爱处。她问，那些男士呢？我针对每个人漫不经心地说了几句刻薄的评语。她又追问："那个冯至呢？"我说："脸面浮胖。"此后，我们每逢星期六或星期日常被邀请到杨家去玩，几乎每次都有冯至在座，他不大说话。王大姐回学校后总对我说，冯至是杨先生最要好的朋友，他心地善良，学通中西，写新诗，也能写旧诗填词，是个文学全才呢。我听着她说，也不置可否，慢慢地也感觉到人们的一点用意了。于是我的态度也有所改变，不再那么趾高气扬，高谈阔论，旁若无人，而是有点拘束了。从2月到5月底，4个月不知在杨家吃过多少次饭，席间饭后不知有过多少次愉快的聚谈，气氛融洽，情绪欢畅，但是冯至却不曾直接向我攀谈。后来听人说，杨晦因之对冯至很生气，他说："你再不和她直接交谈，我就不管了。"

　　我是国文系的学生，学的是唐诗宋词汉文章，此外还有些音韵训诂一类的课程，对新诗我从来不感兴趣，报纸上发表的新诗也很少去读。这次因为写这篇东西，我托人从社科院文学研究所的图书室借来三册1929年1月至7月《华北日报副刊》的合订本，作为参考。我重新翻阅我们从2月到5月编的十七期《妇女周刊》，同时也看到当时我没有注意过的冯至在副刊上发表的新诗。说实在的，我一向与新诗无缘，就是后来冯至出版的诗集，也只是看看而已，从未深入钻研，我更喜欢的是他的散文和书信。如今我却有了新的发现。1月21

日的副刊上有一首他的译诗，是法国诗人 Arvers 写的一首十四行诗，写作者爱慕一个女人，却从不表示，隐隐地担受相思的痛苦，那女人也没有觉察，诗的最后三行是："她只忠实于那些严肃的女儿的训规，／更不知她早已填满了我苦闷的诗髓，／一旦读了我的诗，她必问：这位女的可是谁？"在诗后译者写了一段"附记"：

  独坐在椅子上发呆，忽然推门进来的是希衡君，由散漫的谈话中谈到了这首不朽的十四行诗。他说，这位作者一生的事迹和作品都已被人忘却了，只有这首诗还是在法国家传户诵，深印在人的心里，而作者的名字也因此被选入任何的名人辞典当中，可以从那里边查出来他的生年卒年（1806—1850）。我是不懂得法文的，于是请他给我讲了一遍，我听了真是欢喜，字字都仿佛是从我的心里迸出的一般。昔者歌德为了拜伦的诗曾劝 Eckerman 去学英文，我也想为了这首诗去念法文读本了。现在我暂且用中文把这首诗的大意写了出来，丑陋固然是丑陋的，但我越写越觉得同自己的协和。……

下边注明日期是"2月18日"。这个日期距离在杨晦家中的那次宴会不是仅仅过了四天吗？十天后在副刊上又出现了他写的《月下欢歌》，他在月光下"向着一切欢呼""向着一切拥抱"，这是在他的诗集里很少听到的高亢的声音。随后从3月到5月，他发表了十几首诗，这些诗有希望有绝望，有追求有放弃，有进有退，在两首标题《思量》的诗中有一首竟把王国维词里的一句"人间总被思量误"作为题辞。5月里有《暮春的花园》四首，每首的头两行都写着"你愿意吗！我们一同 / 走进了那座花园？"还有一首译诗，最后两行是："当我还未完成了一件美丽的工作，/ 上帝呀，请不要让我死亡！"我如今看到这些诗，好像是新发现一般。在我编辑《妇女周刊》的那几个月，见面时他对我默默无语，原来他心里盘算的都写在那些诗里了。

走进那座花园

我们终于一同走进了"那座花园"。1929年6月6日,我收到冯至给我写的第一封信。信是清晨写的,写后就付邮了,我当天就收到了。这封信文字优美,情深意重,我读了又读,犹如咀嚼橄榄,滋味无穷。这封信,我也给我的同学好友读,让她们跟我共同享受,但我不想立刻回信。又是王大姐问我,你读冯至的信觉得怎样?我说,读他的信比见他的人更觉得愉快,真是百读不厌。王大姐说:"你怎么不给人家写回信呢?来而不往非礼也。"我经过几番踌躇,写了一封简短的回信。虽然简短,却字斟句酌,字迹工整,颇费一番心思。自此书信往返,他多我少。我给他写信,最初称先生,随后戏称"师叔",最后直呼他的别号君培,在称呼上就随着日月的更替逐渐亲近了。后来几乎每星期他都到学校里找我一次,星期日我们常约好到中山公园、北海公园会晤,往往是吃过晚饭后才各自回去。我们也到天坛、万牲园即现在的动物园、香山等地去玩,可以说,我们的足迹几乎遍及了当时北平的大小公园。我们在那些地方边走边谈,说古论今,背诵自己喜爱的诗词,彼此心领神会,仿佛融汇成一个整体,旁若无人。有时晚上八九点钟他送我走进学校的校门,愉快地说声"再见"。他的一首后来常常被人称道、选入一些新诗选本里的诗《南方的夜》,就是我们一起在北海公园湖边散步时构思的。但是他那时写的新诗并不给我看,多半直接交给杨晦,在《华北日报副刊》上发表。到了1930年,他和废名办了一个小型刊物《骆驼草》。这刊物每期他都寄给我一份,其中有些文章,我很不以为然,曾写信向他说出我的意见,但他在那上边发表的几首诗,也多少表达了他当时的一些心情。例如我们约定在某地某时会面,经常是他先到我后到,于是产生了《等待》那首诗,又如《送》,写的是晚间他送我回校时的情景。说实话,他的那些新诗我并不懂得欣赏,使我倾心的还是他写给我的信。虽然我们常常见面,他还是不断地给我写信,说些面对面时说不出来的话,有时还以填词代信。他寄给我一首《金缕曲》,词的前几句是:"崑姊晨安否?梦回时,牵牛满架,雨声低奏。仿佛闻君轻步履,身影依依未走,……"最后几句是:"更向晴空挥彩笔,画描出万里山河秀。途程远,同携手。"中间的词句我想不起来了。说到这里,我不能不再一次表达我的悔恨,我们在"十年浩劫"时怎么竟那样没出息,那样胆小,为了自己免于招来更多的灾祸,竟忍心把我们青年时留下来的最可宝贵的一部分付之一炬!

那时我整天兴高采烈,看着全宇宙都处处生辉,喜欢向朋友们谈他和他有趣的谈话,她们说我变得"贫"了。他呢,他在孔德学校教书,在报上发表诗文,给我写信,至于他和他的好友杨晦说些什么,我就不得而知,也没有好心人再向我通风报信了。虽然如此,我似乎要保持女性的尊严,从不"光临"他居住的宿舍。只有一次例外,我到孔德学校去找他,看见他一个人住在一小间房里,房内清静、整洁,书橱上放着一座但丁半身像,橱内的书排列得很有秩序,书桌上放着一盆文竹,枝叶茂盛,看得出是很用心培养的。那间房子,我虽只去过一次,室内的布置也很平常,却给了我很深的印象,直到现在我还常常想起,如在目前。

还有一件小事,我难以忘记,有一天我们在一个小饭馆里吃晚饭。饭后我们争着付饭费。他把我的手提包抢走,不让我从中掏钱,我又把手提包抢回。大约快到打烊的时候了,服务员有些不耐烦,带着嘲笑的口气在外边喊:"还在那儿抢手提包呢!"我们听着觉得是一种侮辱,赶快付了钱走了。到底是谁掏的钱,我也记不清了。这些微不足道的琐事在我记忆力衰退的脑子里居然保留了六十多年,我也无法自解。

　　有一次我回山海关探亲,事实上我的父母都已先后去世,家中还有兄嫂、三姐和一个弟弟。我心里的话只能向三姐一人倾诉,我不厌其详地把我和冯至的爱情告诉了她。她问我冯至是哪里的人,我说是涿县(今河北涿州)人。三姐立即说:"涿县不远,我有一个去世的婆母就是涿县人。"她的地理概念不大清楚,只认为她有过婆母是涿县人,涿县便离山海关不远,其实山海关和涿县相距大约五六百里呢。她劝我早点确定终身关系,我说我不能先开口,我有我女性的尊严。我的封建思想支配着我,认为女子必须一身清白。这也有它形成的原因。主要是幼时受我祖母"女重贞节"说教的毒害,也因自己要做一名白璧无瑕的在外边读书的女学生,以保证在亡母面前许过的绝不给她丢脸的诺言。在那个年代,从我的家乡到天津女子师范学校去读书,我是第一个人,而女孩子的一举一动,只要与众不同,便会招人议论,所以有人传说,我"自由"去了。母亲在我离家去天津的前夕,千嘱咐、万嘱咐地向我说:"你父亲已去世多年,你一人在外千万要珍重自爱。"

　　说也奇怪,我和冯至在一起时,无所不谈,不知为什么,就是不谈各自的身世和家庭情况。我只知道他幼年丧母，他的父亲那时住在北平的公寓里，他也知道我父母双亡，在北平有个二姐，此外彼此都茫然了。1929 年冬，河北省教育厅招考留学生，冯至报名应考，被录取了。规定留学期限是四年。这一下子，关心我的人都有些着急，我的二姐要看看冯至是什么样子，我邀请他和二姐在一个饭馆里吃过一次饭。他的父亲也劝过他在他出国前结婚，他未置可否。四年、五年，我现在常觉得一晃就过去了，可是对于彼此相爱的青年人来说，却是一个难以想象的漫长的岁月。朋友们都希望我们彼此表个态。但是他的态不表，我也不便凑合上去。致使我的同学好友杨承献向我开玩笑说，你不要让人家将来"只恐远归来，绿成阴、青梅如豆"（黄山谷《蓦山溪》）。由于河北省教育厅经费困难，他一时不能成行，直到次年七八月间，他出国的事才渐渐有个眉目。一天，我和他在北海公园划船，遇见他的朋友、在燕京大学讲授词学的顾随正走在桥上，当我们的船刚刚穿过桥洞时，他向我们笑着说："多划几回船吧！"

两年阔别

冯至去后

我们的"船"并没有多划几回,别离的日子终于来到了。那是 1930 年 9 月 12 日的晚上,冯至与清华大学教授吴宓、清华大学高材毕业生陶燠民、河北省公费留学生王庆昌结伴登上开往哈尔滨的火车,将经过西伯利亚去欧洲。我和冯至的几个朋友都怀着又欢喜又惜别的心情在车站给他送行。我抑制着感情的冲动,表面上镇定自若,谈些不相干的事,暗中则希望时间女神的步子放慢一些。车开了,人走了,我的镇定也维持不住了。我恍恍惚惚地回到学校,一连几天神不守舍,日常生活不知是怎么过的,但又强支着精神上课,听课时还要认真记笔记,因为我一向记得比较详细清楚,有的同学常用我的笔记做参考,或是补充她们的遗漏。我朝思暮想地过着日子,填过一首《鹧鸪天》,上半阕我已忘却,只记得下半阕是:

"从别后，计行程，肠随轮转泪凄清。尽日慵慵望归雁，读罢来书泪又盈！"

冯至在北平时，我没有听到过什么人谈论我们的交往。他走了，却有些不相干的人在风言风语。有一位女士，也是国文系的，她比我低一年级，曾与冯至的一个朋友同居，她扬言冯至是个不可靠的人，到处留情，他的诗集《昨日之歌》里有许多爱情诗，她说时还提名道姓。这话传到我的耳里，我向人说："《昨日之歌》是昨日的歌，他写那些诗时，我还不知道有个冯至存在，冯至的昨日我不能过问，也无权过问。我只看他的今天。"此外，女师大有一位教务长，他曾对人说，冯至一定是个很厉害的人，他能制服锋芒毕露的姚可崑，就可以想象得到。其实，冯至一点也不厉害，我更不需要人来制服。我见过个别男士，自命不凡，在人前卖弄聪明，夸耀能干，自以为能取得女性的倾心。我们的教务长所谓的"厉害的人"也许是属于这类人的范畴吧。对不住，对于这类人，我曾用过三言两语便使他偃旗息鼓，甚至下不来台。这位教务长是一点心理学也不懂，中国有句老话"柔能克刚"，他似乎也没听到过冯至是个内向的人，只会用纸笔代喉舌，抒发他的思想感情，这也许就是我前边说的，在我们交往的初期，我喜欢读他的信甚于见他的人的缘故；也许就是他迟迟不表态，我也不凑合上去的缘故。此外，我的头脑里还残存着一些封建礼教思想。所以我们有很长的一段时间，真是"君子之交淡如水"。可是在这淡如水的情况下，每周的会面和通信竟成了我们生命里不可须臾无的两件大事。是什么力量在起作用呢？是我们内心里都隐伏着一种深情，他的深情不善于表示，我的深情却被一种矜持掩盖着。日久天长，他的不善于表示和我的矜持这两个障碍物都渐渐消失，只剩下真情的流露了。这既不是他有什么"厉害"，也不是我被"制服"。要说"厉害"，可能是他的性格里有点"柔"，说我"锋芒"，也许是我的性格里有些"刚"，要说"制服"，那就是"刚"被"柔"克服了。所以每逢一件小事需要决断时，两人意见不同，最后总是他做最后的决定。我常向他说："我的意见是宣言，你的意见是圣旨；宣言长篇大论，未必实行，圣旨只有一两句话，就得遵命。"

他行程中的第一站是哈尔滨。他于1927年秋至1928年夏在那里的第一中学教过一年书，他的胞兄冯承荣在那里工作。这次重来，总不免有些感触，他从哈尔滨给我写了离别后的第一封信，这就是我前边说的"读罢来书泪又盈"。此后他的行程我就只有按地图而索骥了。我要感谢吴宓教授在1935年出版了一本《吴宓诗集》，里边第十二卷"欧游杂诗"详细记载了他和他的旅伴们一路的情况。他们在9月14日到哈尔滨，办理苏联过境签证手续，17日离哈尔滨，19日过贝加尔湖观赏落日，24日到莫斯科，请一位苏联妇女导游观览莫斯科市容，26日九时半至柏林，冯至在那里下了车，吴宓与陶、王二君继续西行，有的去巴黎，有的去伦敦。冯至在柏林逗留了两三天，乘火车到了他的目的地海岱山（Heidelberg，冯至现译为海德贝格）。他到海岱山，一切都是新鲜的，他把他在那里接触的事物，从山水到人事，都不厌其烦地写给我。我几乎每星期都能收到他一封信，我也每星期写给他一封。我们在北平时生命中的那两件大事（会面和通信）只剩下一种了。我们珍惜这剩下的一件，信的内容不只是抒情，更多地谈我们现实的生活。当然，他的信里也常常提到别离的痛苦，我却又"理智"起来，把秦少游《鹊桥仙》里的两句词写给他："两情若是久长时，又岂在朝朝暮暮。"

这一学年是我在北平读大学的最后一年。我的心情经过一个时期的波动后，逐渐平静下来，想到他在国外深造，我应当努力学习，我变得稳重沉静，收敛了我们教务长所谓的"锋芒"，不再跟新来的教师调皮捣乱了。相反，我则诚恳地接受名师的教诲。我把我的学习情况常不厌其详地向冯至"汇报"。我说，黎锦熙讲授国语语法，我获得不少启发（我后来学外国语言也爱钻研语法与此不无关系）。范文澜教《汉书·艺文志》，结业时我做的一个《汉书·艺文志》详表，得到他的好评（新中国成立后，有一次在某处我和冯至遇见范文澜，我向他致候，他还想得起我来呢）。吴承仕教《十三经注疏》，他满口方言，我仔细而认真地记笔记。傅增湘教诗选兼习作，有时还带着我们小作春游。我在女师大这一年学习的收获最多。我还把一些意想不到的事写给冯至。章太炎来北平，有一次在北京大学讲演，听众听不懂他的方言口音，于是有人把他讲的话写在他背后的黑板上，一句不漏。听众赶紧往笔记本上抄，这情景真是极一时之盛。写黑板的人都是谁呢，是钱玄同、马裕藻、吴承仕，这都是章太炎的及门弟子，也是我们的老师。再者，我们将要毕业时，为了编印同学录向教师索取照片，到过许多教师的家。在范文澜家遇见范师母，范师母说："他十二三年都没有去过前门大街，哪里有近日的照片呢？"她到处找，找到一张年轻时的照片，我们也如获珍品似的拿走了。我把这些事当作稀奇的新闻写给冯至，并没有领悟到这几位老师的高风亮节。吴承仕和范文澜后来学习马克思主义著作，成为共产主义者。前者在抗日战争时期英勇牺牲，后者用马克思主义观点方法创造性地编著《中国通史》。钱玄同、马裕藻也在沦陷区保持晚节，抑郁而死。

填补一个空虚

冯至在 1987 年写过一篇《海德贝格记事》，从第二节到第六节，记载着他从 1930 年 9 月底至 1931 年 7 月中旬在海岱山的生活、思想与学习的情况，我读后仿佛重温那个时期他写给我的（已经焚毁的）信件。因为那几节的内容好像在信里他都向我说过，尤其是关于与徐诗荃（梵澄）、梁宗岱的交往和与鲍尔的结识等。但是据我的记忆，向我说过的事还不止于此。例如天冷了，他在室内活动，觉得穿着西服不方便，他请我寄给他一件棉袍。我为了他穿着轻暖，给他做了一件丝绵袍寄去，不料德国海关一检验，说丝织品属于高档，竟向他索取四十马克的税金，这数目比实物的价值贵几倍，他非常为难，只好硬着头皮如数交纳，四十马克相当于那时他二十天的伙食费，这是我和他都料想不到的事。又如四五月间原北大教授张凤举曾从巴黎来海岱山住了几个星期，这是我首次听到张凤举这个名字。可是冯至认识张先生已有八九年了。冯至在北大读书时，听过他讲授"文学概论"，多次到他的住处去拜访他，冯至最早的习作，他介绍在《创造》季刊上发表，他给过冯至多方面的鼓励和帮助。冯至跟他异地重逢，共同度过不少美好的时日。又如冯至离海岱山去柏林之前，他的好友鲍尔曾邀请冯至到他斯图加特（Stuttgart）的家中做客，陪伴冯至参观了附近的名胜古迹。张凤举和鲍尔，我当时只从他的信里知道他们的名字，可是他二人成为我们共同的终身师友，这是后话。

冯至从海岱山到柏林时，我以优秀的成绩结束了我的学业。横在我面前的问题是何去何从。是到冯至那里去呢，还是在北平开始另一种生活。女师大的学生在毕业前都必须到女附中去实习。我认真备课，教学效果不错，被留在女附中教书。今年9月冯至曾收到他的亡友李何林的夫人王振华的一封短信，信里有这样的话："姚先生在师大女附中实习，我是高三学生，实习时，我们还想捣蛋，为难老师，未成。许多往事，现在则感慨系之！"看来跟教师调皮捣乱，不只是我一人如此，那时已经是一种带有开玩笑性质的风气了。从信里也可以看出，我讲解课文，没有被她们挑出漏洞。同时我也考上师大研究院的研究生（这时女师大已并入师范大学），课题是"楚辞的语法与修辞"。在一个著名的中学教书，又做些研究工作，这对我是有一定诱惑力的。中间还有一段插曲，有人介绍我到一个女子师范学校去当校长，我写信告诉冯至，他坚决反对，他说在这样的社会里，"校长"是万万不能当的。他还写信给杨晦说："我不会有校长太太的。"

我对于教书和研究都感兴趣，浓厚的兴趣代替不了我思念冯至的心情。就在这时，又发生"九一八"事件。日本帝国主义侵略东北，南京的国民党政府不进行抵抗，节节后退，真不知道事态会发展到什么地步。自己内心的矛盾再加上外界的变化，而且从那时起由于东北的交通受阻，有一段时期收不到冯至的信，真是忧心忡忡。我和冯至所处的环境不同，考虑的问题却是同样的一个。过去我们的信件都是经由西伯利亚，后来只好改由加拿大转寄，绕那么一个大圈子，经过许多天信件中断之后，我又收到他的信，真是快乐。信里大意说，世变无常，劝我先教一年书，看看明年形势怎样再定，他说他也有三个月没有收到公费了。我暂时安下心来，住在原女师大的教员宿舍，在女附中教国文，又兼志成中学高一女生班的课，选些爱国主义的诗文给学生读。那时我也想，到外国去，不是一说就去得成的，起码要有路费。我下定决心，不管去得成或去不成，先储蓄一些钱是必要的。我于是过着省吃俭用的生活，除去资助我的二姐少许外，把每月工资中的大部分储蓄起来，以备不时之需。这不禁使我想起我十五六岁，在家乡的女子师范传习所毕业，曾到北戴河大刘庄教过一年小学，撙节了一百八十元，我就用这笔钱去天津，考入了直隶省立第一女子师范学校。这回我就要教一年中学，把工资撙节下来作为出国的费用了。

冯至转学到柏林后，生活不像在海岱山时那样平静了。他的交往比过去频繁了，他受到北大同学学习经济的朱偰和研究图书馆学的蒋复璁的欢迎，通过他们认识了研究美术的滕固；他们常在一起谈论国内的与德国的情况。不久徐诗荃也来到柏林。他送往迎来，接待过途经柏林的朱自清、李健吾等人。此外他也结识了几个德国的家庭，有时到他们家里做客。他在柏林大学选修研究班课程，写课题报告，得到教授的好评。他在圣灵降临节徒步旅游"撒克逊的瑞士"，一直走到捷克的边界。这一切他写信告诉我，至于他怎么写的，我都无法追忆了。我只记得，在1932年的五六月间他经过长期的考虑，决定叫我做出国的准备。信中大意说，我们相隔万里，都忙于工作，好像生活很充实，可是我们有个天大的空虚，我们赶快把这个空虚填补起来吧！我也做了最后的决定，准备出国。我撙节的钱已足够路费而有余，于是起始置办行装。我的虚荣心促使我做了三件绣花旗袍，一件是百鸟朝凤，一件是一大团盘龙，另外还有一件是全身蝴蝶，为了在外国能有几件起眼的衣服，我费了不少的心思。现在回想起来真是浅薄，但作为一个年轻的姑娘有这种心情也是可以理解的。至于出国的手续比现在简单，我领到护照，就到天津的德国领事馆去签证，领事馆里的一个职员立即给盖了章，签了证，几分钟就办完了。这时我又想起两年前，我曾经陪着冯至去天津签证，吟味当时的情景，真是别是一番滋味在心头。

9月下旬，我与浦洁修、王文田、刘绛雯等人结伴，到上海乘意大利邮船去欧洲。我们四个女士住在经济二等舱的一间小舱中，相当舒适。经过香港、西贡、新加坡，大家都下船游览一番。过印度洋，则七天七夜不停，船身颠簸得很厉害，许多人晕船呕吐，有人甚至躺在铺上起不来。餐厅里空空旷旷，很少有人来用餐，盘碗等餐具都用绳子绊牢，而我却是餐厅的常客，因为我不感到眩晕，却没有口味，饭量也减了。等到船过红海，热得喘不过气来，可是海上波浪平静，人又"活"了，晚间就有人衣帽齐整地去跳舞，我和我的同伴都没去，不知那时是否有空调？

头等客舱里有去欧洲参加什么会议的顾维钧。他曾和我们这群留学生谈过一次话，他问每个人的姓名、什么学校毕业、到欧洲去哪个国家、要学什么，对我们说了些勉励的话。这是随顾维钧赴欧洲的名记者戈公振给组织的。后来戈宝权告诉我说，他的叔父戈公振写的一本游记还提到过这件事。

我们的船驶入地中海后，我忽然收到了冯至从柏林发来的一份电报，说他将在威尼斯码头接我。我高兴得不知怎样才好，同伴们也替我高兴。又快乐又焦急的心情使我不知道在船上最后的两天是怎样度过的。可是船抵达威尼斯码头，我伸长脖颈、瞪大眼睛，在人群中寻找，却不见冯至的身影。岸上的、船上的人都走完了，只有浦洁修好意陪我在一座大厅里等候。等了将及一个小时，他才姗姗走来。原来是船提前到达，他是按照规定的时间前几分钟来接我的。我们二人相对，不知说什么才好，那时的情景分明是"重逢"，却又像是"初见"。当我们这天晚上并坐在开往柏林的国际列车的车厢里，他握住我的手时，我感到一种异乎寻常的舒适。我记得那时是 1932 年 10 月 17 日。

国外的岁月

在爱西卡卜

冯至在柏林,从 1931 年 7 月到 1933 年 4 月,住过三个地方,前两个住所在市内,最后一个在郊外一个名叫爱西卡卜(Eichkamp)的居民区。他在 1932 年 3 月由朱偰介绍迁入,次年 4 月因为又去海岱山迁出,整整住了一年。他对于爱西卡卜有深厚的感情,他回国后曾写过一篇散文《怀爱西卡卜》,叙说他在那里生活的片段。爱西卡卜是一个新开辟的居民区,没有历史的负担,它街道的名称都很新颖,若是不译音而译意就显得很"文雅"。冯至住的那条街叫"鸣蝉路"(Zikadenweg)。我到柏林后,冯至为我租了一间房屋,街名"落叶松路"(Lärchenweg)。我搬进去,觉得环境幽美,清静宜人。房东夫妻二人,有一个比我小几岁的女儿,家里安静和睦,我住在里边如置身世外。

我略做安排后，就到柏林大学附设的德语进修班报名学德语，被录取为正式的学生。每天八点到十点准时上课。学生来自不同的国家，年龄悬殊，语言各异，一班约二十人。我真佩服那位进修班的教师，面对着这一班不懂德语的学生用德语教学，用种种手势和身态，连说带比划使得学生能了解他的意思。教学进程很快，每天下课时留作业，第二天交。我总是下了课到一间以黑格尔命名的阅览室去做作业，复习所学的内容。中午冯至来找我，一起去食堂吃午饭。饭后乘高架电车回西郊，我回我的落叶松，他去他的鸣蝉路。

《新文学史料》从1987年第3期到1988年第3期发表过杨晦遗留下来的、由他的儿子杨铸整理的《沉钟社通信选》，其中有冯至1932年11月17日给杨晦的信，信里有这样的一段：

> 可崑已经到柏林一个月了，她住在我的附近，我们的生活很好。但我常常有不知所以的不安，生怕自己失掉了自己。因为两个人常在一起，是容易任意地把自己抛掷的。这中间各人保持着个人的境界，要有一番修养。为了可崑，她到德国来是很好的。她学外国文字很快。将来可以多读一种文字的书，实在很好。

从这段话里可以看出我们当时的情况，以及冯至的思想活动。

这封信里所说的，我们基本做到了，我们没有"失掉了自己"，也能"保持着个人的境界"。他读他的歌德、里尔克、荷尔德林、诺瓦利斯。他在研究班里写一篇难度相当大的论文，把诺瓦利斯的《夜颂》和荷尔德林的《面包与酒》这两首长诗作一个比较。他买旧书成癖，一有空就去市内逛旧书店，也以廉价购得一些意想不到的好书。这种"游逛"我是不能奉陪的。我则一心一意地集中精力学习德语。我如今的记忆力那样坏，可是当年我却仰仗着好的记忆力在两月后以优等的成绩结束了德语初级班的学习。随后我在中级班和高级班都报了名，同时读两个班，每天上午上四小时课。中级班我能应付自如，高级班却有些吃力，选文中已经有托马斯·曼《火车事故》那样比较艰深的散文。又是两个月后，经过考试，我在中级班得的评语是优秀，在高级班是良好。我拿到中级班和高级班的证书就可以到大学注册作正式的大学生了。在这样的情况下，的确没有谈情说爱的时间，只有每逢星期日，我们一同到附近的树林里散步，呼吸那里新鲜的空气。这也成了我们固定的课程。那时他几个每逢星期日常见面的朋友如朱偰、蒋复璁、滕固、徐诗荃等人都已先后回国，好像他们把星期日悠闲的时间完全交给了我们二人。

可是德国的政治形势日益恶化，纳粹党迅速膨胀，横行无阻，1933年1月30日总统兴登堡任命希特勒为国务总理，2月27日发生了骇人听闻的国会纵火案。爱西卡卜的居民大多数是倾向左派的政党，反对纳粹的，人人感到自危，一向平静幽雅的环境变得一点也不平静幽雅。柏林大学的气氛也越来越使人窒息，冯至在冬季学期结束后，决定离开柏林，再去海岱山，我也带着德语高级班的毕业证书在海岱山大学申请注册。

在海岱山学习

1933年4月我和冯至与两家的房东太太告别,一起离开柏林,乘火车去德国西南著名的大学城海岱山。

我在柏林住了半年,回顾我和冯至这一段的生活,可以用"学习与散步"五个字来概括。我们不在一起时就是各人搞各人的学习,在一起时最有意义的事是共同散步。我性格好动,儿时就钦佩《儿女英雄传》里十三妹有那么一套本领,也羡慕侠义小说里的英雄们能飞檐走壁。我虽不能"飞檐",却常爬上墙头"走壁"。在大学里我是校篮球队的队员,也喜欢打网球。我曾经设想过,若是有个男朋友一块儿骑自行车作郊游逛西山,该有多么好呢!冯至和我相反,他就是好静。他既不打球,也不骑自行车,儿童时也没想过当什么英雄侠客。他从不夸耀自己,却不是世俗上所谓的谦虚,他常觉得事事不如人，却使人感到他内心里有一种骄傲。他像是一片平湖，我像是一条流动的河，河水流入湖中，也融入他的平静。此外，我每逢走上一条新路，心中总交错着新奇、警惕、略感不安的情绪。这次我们去海岱山，中途在一个小城市希尔德海姆（Hildebheim）小作停留，观赏那里保存完好的文艺复兴时代的居民住宅。一路上我只是感到新奇，警惕和不安的感觉都没有了。因为有人在为我做主，我用不着操心。我不知为什么，从此只要我和他在一起，我就自然而然地跟随着他，尽管他的性格温和，不强迫别人做什么，也从来不使人觉得他有什么权势，而我又是个聪明外露、好表现、爱高谈阔论的人。两个人的性格不同，在一起却很合得来，难道这真是像我前边所说的那样"柔能克刚"吗？不，实际上是他的"柔"里有刚，我的"刚"里也有柔，倒不如说是"刚柔相济"。我们到了海岱山，学习比过去深入，一起散步的次数也更为频繁了。

海岱山是一座风景优美的城市，涅卡河（Necker）东西横流，两山南北对峙，树木苍翠葱茏，各种颜色、各种风格的房屋坐落其间，确是幽静宜人。冯至过去的房东太太欢迎他租住他从前住过的那间房屋，还提供一间较小的房屋给我住。那是一座小楼房，在涅卡河南岸山坡上的鸣潭街（Klingenteich）十五号，房内有家具设备，供早点。他住的那间每月租金五十马克，我住的一小间三十五马克。房内阳光充足，环境优美，距17世纪被法军摧毁的宫殿遗迹不远。那宫殿摧毁后未经修复，反而别有风味，成为供人游览的名胜。

冯至居室的旁门外有一座凉台，我们时常在那里瞭望西方的远景，尤其是望着夕阳西下，给我们留下许多美好的回忆。就是在这个凉台上，到海岱山大约才两个月，我们选择了一个值得纪念的日子，即四年前冯至给我写第一封信的那天——6月6日，我们买了两朵玫瑰，四两饼干，二人面对面订了婚。那天我记得天气很好，四周寂静，海岱山无人可告，只是在精神上"邀请"了几个远方的朋友。

每天早餐后我们下山到大学去听课，有时在新大学楼，有时在旧大学楼。新旧两座楼矗立在广场旁，一东一南，建筑风格迥然不同，合起来看，很不和谐，分开来看，各自有它的特色。

我们都是哲学院（即文学院）的学生，他的主科是德语文学，副科是哲学、艺术史；我的主科是哲学，副科是德语文学、艺术史。我们选修的课程大致相同，其中以雅斯丕斯（Gasper）的课程最多。雅斯丕斯当时在德国是与海德格尔（Heidegger）齐名的存在主义哲学家，为人和蔼可亲，讲课深邃洞彻，听他课的人总是挤满了大教室，后边还有人站着听。

我经常是早去占座位。听讲时,我有许多地方不懂,笔记更记不下来,冯至比我听懂得多一些,但是笔记也记不全。幸而后来有一位德国同学,名登克曼(Denckmann),他常常友好地把他记得很详细的笔记借给我们参阅。回想在北平女师大时,我借笔记给同学们参阅,自己有一种不该有的优越感,如今轮到我依靠旁人的笔记了。实际上这不只是语言问题,主要是我哲学的根底太浅。我听过他讲授的课有:"哲学逻辑""尼采""现代哲学史""从康德到现代的哲学史""基尔克郭尔""康德研究""哲学引论""黑格尔精神现象学研究"等。

德国的大学生都要在选课册上填写选修的课程,学期开始时请教师在上边签名。我选雅斯丕斯的课,去请他签名时,他总是含笑地望着我,管我叫"小姑娘"(die Kleine),他给我的印象很深。后来他因为妻子是犹太人被纳粹政府解聘。我最近读到他那时写的日记的一部分,附录在中文译本《悲剧的超越》后边,知道他在纳粹专政时期,精神上忍受着极大的痛苦。战后我们的朋友鲍尔去拜访他,他还向鲍尔问那个"小姑娘"近况如何。经过这样大的沧桑变化,他还记得我,我听了非常感动。遗憾的是,我们1987年又到海岱山时,他早已于1969年逝世,我们不能去拜见他了。

在1934年至1935年冬季学期,我因为选修雅斯丕斯的

"康德研究",费很大的力气去读康德的《纯粹理性批判》。我一字一句地细抠,仿佛懂了,其实并没有懂。但我很有耐心,竟这样读下去,读完全书。这是我生平潜心细读,不烦不躁精读的一部"没读懂的书",也是对我的一次考验。我也和冯至共读过一本康德较为易懂的书《道德形而上学基础》,从这本书里懂得多了一些。冯至考博士时,副科口试《纯粹理性批判》,雅斯丕斯还给了他"良"的评语。我不知道他究竟懂了多少。

我们交游的朋友

冯至上次在海岱山时结识的朋友都已离去。徐诗荃、梁宗岱早已回国。鲍尔于纳粹掌政后大肆屠杀犹太人时,不顾一切和一个犹太女子结了婚。他们还特意来海岱山一次,邀请我们参加过他们婚后的宴会,以后就流亡国外,辗转于法国、意大利图谋生计。冯至跟他经常有书信来往。

我们这次在海岱山也结识了几个新朋友,他们有时到我们住处闲谈,有时约我们一起出去散步。这几个人大都厌恶纳粹、不满德国的现状。他们有些话不敢跟他们的同胞们说,只能向外国人倾吐。前边提到的登克曼是一个"理想主义者",他学习哲学,向往古希腊,他介绍一些讲希腊艺术的书给冯至,他还劝我选学希腊文。他也是一个美食家,常约冯至到一家精致的、叫作"卡发索"(Kavasö)的小饭馆去品尝美味。那地方我可去不起,我对此也不感兴趣,只在大学餐厅里满足于五十芬尼一顿的午餐。登克曼和他的一位女友常跟我们一起郊游。由于他,我们也结识了学德语文学的鲍木迦特（Baumgart）。鲍木迦特正在准备博士论文,他的语言造诣很深。经过几次交往,渐渐熟悉了,我开始向他进修德语,请他批改作文,我受益良多。最使我感戴不尽的,是他下了很大功夫纠正了我不仅在德语上也是在汉语上一个发音的错误。我不会发 l 音,舌根总先挨近上腭,带些鼻音,也就是 l 音与 n 音分不清。这是我母亲的遗传,我认为是先天性的,没想过能够改正。谁知鲍木迦特对于我发音的错误,认真思索,自己对着镜子研究我的错误是怎么发生的,他发现我是舌根向上替代舌尖,所以发不出 l 音。他教我用舌尖抵上腭再放下,经过几番练习,我果然会发 la、le、li 的音了。当时我的欢喜,真是情同再造。这给了我一个深深的启发:教书,若是学生不会,就要研究不会的原因,对症下药,就能改正,所以教书要尽力向这方面做,才能收到功效。我真不敢设想,我后来教德语,若是自己有一个音不会发,怎能教学生呢！我们回国后,跟登克曼与鲍木迦特还通过几次信,后来战争爆发,彼此就音讯断绝了。不料 1988 年冯至去德国领取达木施塔特（Darmstadt）语言文学研究院颁发给他的宫多尔夫（Gundolf）

奖时，鲍木迦特从报纸上知道了这个消息，给冯至写了一封信，说他曾任爱尔朗根（Erlangen）大学教授，现已退休，并说登克曼已于不久前逝世。"死者长已矣"，生者也因时间关系未得一晤，冯至深以为憾。

另外一个常和我们交往的是赫尔曼（Herrmann），他在大学图书馆工作，他研究民俗学，取得博士学位。他是海岱山本地的人，与他的母亲同住。他掌握大量海岱山的传说故事，尤其是大学里的轶事，他谈起某些有古怪脾气的教授的言行，真可以写成一部"笑林广记"。他和我合写过一篇关于中国民间习俗的文章在一个杂志上发表，引起一些人的兴趣。我们常在一起谈天、散步，他总是有说不完的故事。他有时也请我们到他家中，喝他母亲泡制的果味酒。由于赫尔曼的介绍，我们也认识了几个长住在海岱山的家庭，这里不多说了。我们在1987年重至海岱山，跟没有能够再见到雅斯丕斯、登克曼、鲍木迦特一样，也没有找到赫尔曼。经过半个世纪的风风雨雨，"重过秦淮无故人"也在情理之中的了。

在中国的同学中，有几个学医的青年，他们比我们年纪轻，我们把他们当作小弟弟看待。另外还有一位学法律的陈育凤和听哲学课的王受庆。陈育凤和我们的岁数差不多，他是先在法国学习，然后转到德国来的。他精通法语，又努力学习德语，他刻苦用功，我们和他并不志同道合，却互相尊重，成为朋友。他长期留在德国，在大学里任教，从50年代（本书年代如无特别说明，均为20世纪。——编者注）以来，冯至几次去德国，他都来看望。他回国探亲，也来拜访我们。他在80年代后期在柏林故去。王受庆则比我们年长，好像身经不少变故，他也听雅斯丕斯的课，给我们的印象，他不是来学习的，而是在这里暂作停留。后来我们才知道，他是陆小曼离婚的丈夫王赓。在海岱山时，他同我们畅谈学术问题，知识很渊博。可是在抗日战争时期，冯至和他在昆明偶然相遇，他好像身居某种要职，摆出冷冰冰的架势，像彼此不认识似的，再也不是海岱山时的"王受庆"了。

　　后来与冯至长期同事兼朋友的杨业治，那时也在海岱山，他住在山深处，过着隐士般的生活。他的住房还没有电灯，只点燃石油灯。他大量读书，很少到学校听课，弹得一手好钢琴。他的房东太太向冯至说过，他弹舒曼的《幻想曲》给她不少精神上的陶冶。他不与人来往，有时到冯至处，多半是为了借书。

　　使我们难忘的一件事，是在1935年4月5日，学医的同学们不知从哪里听说，离海岱山不远罗尔巴赫（Rohrbach）的疗养院里有一个中国同学在那里养病，病势很重。疗养院里有的医生希望有中国同学去看一看他。学医的同学们陪同我们和陈育凤到了罗尔巴赫，只见病人处在昏迷状态，枕边放着几封家信，有拆开的，有没有拆开的。从信封上我们知道病者的名字叫沈孝凤。我们看一封已拆开的信，是他的妻子写的，里边说他们的幼儿已学识字，能从爸爸的信里认出几个字。我读到这里，眼看着沈孝凤不久将病死他乡，他千里外的妻子还做着幸福家庭的美梦。我感到一种悲凉的情绪，难以排遣。我们回来时，海岱山忽然又是一阵凄风冷雨，好像奏起哀乐。次日就有沈孝凤的朋友从柏林赶来，为他办理后事。

各自述说个人的身世

每逢天朗气清,我们在课余时总是抓紧时机出去散步。有时沿着涅卡河向东走去,越走人烟越少,越清静;有时走出家门,登上命名"宝座"(Königstuhl)的山顶;有时沿着对面山坡上的哲人路(Philosophenweg)闲步,整个的海岱山市和涅卡河尽收眼底。我们边走边谈,轻声细语,无不印入心扉。尽管是没有谈话的主题,不知不觉,说得最多的是个人的身世,因为我们都有一种要求,让对方更多地了解自己。

冯至说,他的祖上是盐商,可能是他曾祖的父亲或祖父从天津搬到涿州去的。他认为"盐商"这个名称很不光荣,他不愿意向人提起,因为盐商代表"浊富",一向是"清贫"者嘲讽的对象。他说,幸亏到了他祖父的中年,也就是在他降生前不久,这个盐商家族衰败了,所以在他身上嗅不出什么盐味了。他为此感到欣庆。他父亲冯文澍一辈子在外边奔走衣食，他的祖父冯学锐也解嘲似的向人说过："还是家败了好，你看他们（指他的父亲和叔父）不都是学了一点本领，能自食其力吗？"冯至由此有了他的一套"兴衰论"：凡是创业的祖辈都精明强干，甚至冷酷无情，几代后逐渐演变，他们的末代子孙往往形成两类，不是庸懦无能、自甘堕落，就是聪明善感、爱好文艺。这从《红楼梦》和托马斯·曼的《布登勃洛克一家》中可以得到证明。而且不只是家族，就是一个朝代也往往是这样。冯至用这个规律看他父亲一辈的叔伯中自甘堕落者与爱好文艺者都兼而有之。至于他的父亲，既不庸懦无能，也不聪明善感，由于他在外边工作，结识了几个有学识的师友，在他们的影响下，对于事物有自己的见解，对艺术有一定的爱好。冯至在1930年写过一篇《父亲的生日》，发表在《骆驼草》第十一期，写他父亲的为人和他父亲和母亲深厚的感情，读后使人不觉泪下。冯至的母亲姓陈，是安徽望江县人，性格柔和，在已经衰败还维持着一个空架子的大家庭，总不免受着这样那样的折磨。父亲和母亲彼此相爱相谅，共同带着一女三子过着拮据的日子，冯至是他们的第三个孩子。不幸冯至九岁时母亲因病逝世，享年仅有三十五岁。冯至儿时爱哭，人们叫他"哭巴精"，说他把母亲哭死了。

冯至那时在小学读书，放学回来，无依无靠，他记忆最深的是每天傍晚独自站在廊檐下望着天空的云朵，按照自己学来的一点地理知识，看一块云形如骆驼的山东省，转眼间又变成长靴形的意大利。这也许就是童年的孤独寂寞吧，但他那时不知什么叫作孤独，什么是寂寞。死了母亲，他在这大家庭里的地位似乎也降低了一等，眼看着堂兄、堂姊们嘻嘻笑笑地玩这玩那，自己总是站在一边凑不上去。他说，儿时的自卑感就是这样形成的。

母亲死后一年多，父亲娶来继母。继母姓朱，她可不像一般人所形容的"继母"那样。她为人忠厚朴实，深明大义，她待冯至兄弟三人和他有残疾的姐姐像是自己的孩子一样。而且她在她的娘家也有威信，无论是胞兄弟或堂兄弟都尊敬她。冯至在十二岁小学毕业时，父亲在外谋生，不在家中，升学与否，完全由继母决定。她克服经济上的困难，力排亲属的非议，送他到北京，考入第四中学，这对于冯至后来的成长，有决定性的意义。冯至年幼，住校她不放心，她叫他住在她的堂弟朱受豫的家中，冯至称他为九舅。九舅很关心他的学习，有一个时期还叫他和他在北京师范学校学习的哥哥冯承榮每周周末到他的一位同事的家里读《诗经》。九舅常在业余时间绘山水画，冯至小小的年纪从他那里得到一些绘画史的知识。

他知道五代时有"荆关董巨",元代有"黄吴王倪",清初有"四王恽吴"等的画家的名字。

　　学校放暑假、寒假,冯至和他哥哥都回家。他的一位叔祖冯学彰是个热心教育的人。在清末他就创办过私立小学,名"养正学堂",接收冯家的子弟和邻里间的学童入学,受新式的小学教育。冯至入中学时,这个学堂早已停办,但有两次暑假,叔祖都召集冯至、冯承荣和冯文洛在他家里进修。冯文洛是他最小的儿子,年岁与冯至的哥哥相近。叔祖亲自讲授古文,他在北京高等师范学校学习的长子冯文淇教数学,他刚在天津南开中学毕业的次子冯文潜教外语——俨然是一个生动活泼的小家塾。所以冯至在暑假期内,学业不仅没有荒废,反而有进步。

　　我们散步时,冯至就这样婉转动听地谈他儿时的幸与不幸。他说,他在四中受到过个别老师的教诲,对他后来的成长很有帮助。但除此以外,他对于他的九舅和叔祖父是十分感谢的。

　　冯至中学时期增长了知识,好像也懂得了一点人生,从他的自卑感渐渐萌发了一种自尊的心情,他由儿时被世俗蔑视渐渐转变为蔑视世俗。他讨厌大家庭里庸俗的习气,他原名冯承植字君培,他说,他不承受他们的培植,自己起了个别名冯至,这是由于他读《庄子·逍遥游》读到"至人无己"时得到的启发。冯至家在涿州已定居了四五代,冯家的人因天津比涿州名气大,还都自称是"天津人",冯至却不管这一套,他说,他生在涿州,是涿州人。所以"天津冯氏"的家族中,只有这么一个涿州人。

冯至也谈过不少他在第四中学和后来在北京大学的生活情况,他已写在他某些回忆性的文章中,我不重复了。

冯至谈他的往事时,我常插话说:"你儿时虽遭不幸,可是你的读书环境比我强得多,我羡慕你。我的学习环境比不上你,说起来自觉惭愧。"我说,我的祖籍是浙江绍兴,我的太高祖任职当时的"户部",执掌东北收税的大权,为了便于执行职权,搬家到山海关,每年他派遣人员到宁古塔、沟帮子、锦州等地去收税。这个去东北收税的职位是世袭的,我也不明白那时的制度,只听祖母常责怨我,说我出生之后,这个职位(用她的语言说)就"不兴时"了,是我给妨碍的。

父亲姚荫来是既无姊妹,又无兄弟的独生子,他和蔼可亲,是有名的老好人,事业上没有什么建树。他思想封建,但感情上喜爱女儿,四个女儿他都视如掌上明珠。我儿时几乎没人爱我,只有父亲喜欢我,和我谈笑,而我也只有在他面前有说有笑,其余时间都绷着脸,毫无笑容地在脑子里乱想。我母亲姓房,名瑞贞,她聪明能干,从小和一兄一弟请塾师教读,可惜十六岁就和父亲结婚了。她豁达开朗，心口如一，爱憎分明，能写能算。她不保守，能接受新事物，做事果断。她那时虽没有男女平等的思想，但认为女子与男子有同样的智力才干。她主张女孩子也要读书，她每天早晨起床后就教我认字，我进步快，她看我在读书方面有点出息，就加快教我。她教我读的《木兰辞》，几遍我就能背诵如流。可是我的祖母重男轻女，认为女孩子就是要三从四德，读不读书，都无所谓。她说，女孩子若要读书，就要读《女儿经》《女四书》。我听了她的话，就背起"闺门训，女儿经，我今念与女儿听，每日黎明即早起，休要睡到日头红……"以及"曹大家曰，吾十有五而执箕帚于曹氏，战战兢兢，常惧出辱，以贻父母之羞，以增内外之累……"一类的陈词滥调了。祖母让我读什么，母亲为了免除纠纷就教什么。若是我母亲对我的学习另有主张，祖母就说些破坏的话。例如母亲让我姐夫教我英文，用的是《华英初阶》课本，祖母说，一个女孩子每天满嘴 ba，be，bi 的干什么，多难听。我受她影响，就不用心学英文了。祖母这位封建老太婆对我的思想影响太坏了，我受毒很深。

  我在家乡只读了一年的初级小学，由一年级跳到四年级就毕业了。没读高小，后来插班入我的一位姓张的表舅办的女子师范传习所。毕业后曾在北戴河大刘庄教过一年复式教学的初小，这我在前边已经提到过。

据说，我祖父去世时很年轻，大家庭的族长我的叔祖父吩咐，家里对外大事都由母亲承担，我父亲只管盖章。而家内的事则由祖母作主，母亲忠实执行。这也许就是我们简单的家庭能保持和睦，不起纷争的缘故吧。后来祖母与父亲相继去世，母亲独自支撑家业，她精打细算，收支情况了如指掌。可是她积劳成疾，得了心脏病，心律不齐，曾卧床不起。经当地名医治愈后，曾嘱中年以后不能劳心过度，以免此病复发，不易医治。但她操持家务，男婚女嫁，无不费尽心思，家里经济早已入不敷出，还不得不维护旧日的架子，致使旧病复发，心门漏血，全身肿胀而逝世。那时是我天津女师毕业的前一年，她是非常不放心我而闭目的。我性格有点像她，但没有她的果断，难怪她生前常说我"好谋而无断"。

在天津女师读书五年，一年预科，四年本科。在本科我最喜欢的课程是地理和心理学，最佩服的教师是地理教师张珍楼、心理学教师胡仲澜。张先生讲天文地理学，我专心听讲，详细记笔记。我读本科二年级时，刚考过第一次的期中考试，不幸得了急性传染病猩红热。由我在天津一个小学教书的堂兄姚可彰把我送回家中。医药无效，我烧到不省人事，在束手无策的绝望中，有位祖传儒医的陆大爷（名陆凤刚）来串门，见状大惊，他告诉我母亲说："我开个药方救这一条命，可是救不了就得死，你敢服这剂药不？"母亲当机立断，看了药方说敢吃。抓药时，药店老板看是一个冒险的药方，问明药方是经过我母亲审阅同意的，他才给抓。我服药后满身大汗，人清醒了，全身掉皮。胃里空，又馋又饿，但只准许吃稀粥，苦不堪言。病后疗养了三个多月，才算痊愈了。暑假后去上学，学校当局看我平素学习好，没让我留级，只让我补考了未经期中考试的心理学，其余都拿期中考试的分数作为期考的成绩了。这对于我是特别照顾，我感激不已。可是我缺的课因为不必补考，我就没有自觉地自学补习，只是马虎过去，留下漏洞，后来学习三角时便感到代数的基础太差了。

1925年5月30日，上海群众游行示威，抗议日本纱厂的日籍职员枪杀工人顾正红，遭到英租界巡捕的开枪射击，死十余人，因而引起各地工人罢工、学生罢课的声势浩大的反帝运动。那时我正在天津女师读最后一年，是学生会主席，当即响应运动，组织五卅运动后援会，我任主席管内务，周之芹（周颖）任副主席管外事，我们把全校同学都组织起来了，与南开大学、中学联合，轰轰烈烈，颇有声势。可是当时女师的代校长冯荣绂，不知是胆小怕事，还是受上级指示，通知每个学生的家长，让家长把学生叫回家去，免得出问题，给学校带来麻烦。我们都接到家里的来信。我因为母亲去世不久，兄嫂来信促归，我只得从命，准备回家，把运动的事务移交给家住天津的同学，实际上运动等于结束了。

我于1925年冬在天津女师毕业。毕业前，学生都要作教学实习。由于直奉军阀交战，位于天津河北西窑洼的女师附属小学不能开课，学校派我们到达仁学校去实习，那时邓颖超正在达仁任教。邓颖超是天津女师第十学级毕业的，我是第十八学级的，她是我们的学长。她指导我们实习，我们也问她女学生参加学运应如何处世，她提纲挈领地指出我们应该注意的事项，她的话我铭记在心，终生难忘。

我毕业后来北京，在二姐家中暂住，于1926年春插班考入女师大预科，后入国文系。我的同班好友有赵荣春、杨承献、戴励之、张赓秀等人。两三年后，我的生活就纳入了与冯至有关的范畴，许多事他就了若指掌了。

我们不厌其烦地述说个人的身世，冯至常笑着向我说："你的祖先给皇上收税，我的祖先给皇上卖盐，我们可以说是门当户对了。"冯至也说过："你不要说你的读书环境差，比不上我，可是你在小学、中学里学习成绩都是佼佼者，也有工作能力。而我在小学总是丙等学生，到中学好了一点，升为乙等，我从未尝过甲等的滋味。我的年龄小，比一般同学小两三岁，赢得一个'小孩'的绰号，这绰号我一直拖到大学。"

冯至在国外常思念他的父亲，说父亲一人在北京，有时住公寓，有时住在亲戚家里，怪孤单的。由于他的述说我更多地了解了他父亲的为人，不争名不好利，对待子女开明，我也分担着他对父亲的思念。1934年农历六月十六日是他父亲的生日。我为了让他父亲得到一点安慰，做了一个枕套，上面绣了一个寿字，在寿字横竖的笔画上绣了五十八个小寿桃，那年他父亲五十八岁。冯至看了，非常高兴，他立即给他的父亲寄去。可是他在给他父亲的信中附带着写了一个怪思想，他觉得我读书聪明，手头灵巧，这样的女子恐怕不能长寿。他的父亲回信叫他不要胡思乱想，并祝我"福慧双修"。

黑林区与罗迦诺

前边说的海岱山都是青山绿水风光好,实际上也并不总是这样,每年都有一个时期雾气迷蒙,空气潮湿,影响冯至的睡眠和我轻微的关节炎。海岱山以南有一处黑林区,南北长一百六十公里,东西宽二十五公里至六十公里不等。全区百分之六十都被松林铺盖着,中间穿插着细小的河流,散布着秀丽的湖泊,拥抱着众多宁静的村庄、人烟稀薄的城镇,是美好的疗养胜地。我们遇到气候恶劣身体不适时,便到黑林区去休整,每年都有过一次。根据冯至残缺不全的日记,我可以查出,1933 年 8 月,去梯梯湖(Titisee)一星期;1934 年 10 月,有些天冯至连夜失眠,于 27 至 28 日到矿泉浴场(Wildbad)度过一次周末;1935 年 3 月 10 日至 31 日,在位于黑林区北部的"快乐城"(Freudenstadt)住了二十天。在那些地方我们每天除去散步还是散步。我的记忆里只是没有尽头的松树林和走不完的林中小路，使身体和精神都恢复健康。只有在"快乐城"并不很快乐。我们为了节约，住入一所基督教会开设的疗养所，吃饭有定时，每顿饭前都要由一个牧师领着住客祈祷，祈祷词中竟有这样的话："感谢上帝，给我们降生了希特勒，挽救我们的民族。"我们听着实在难以忍受，但既来之则安之，走出门来，四周清爽的空气可以冲淡饭桌上的那种闷气。我记得离这里不远有座山叫作克尼毕斯（Kniebis），高出海面不到一千米，已经是3月下旬了，山上的积雪还有一尺多高，高至行人的膝部。我们在雪中跋涉时，冯至说，这座山是不是因为雪高至膝而得名呢，因为德语的膝盖是"Knie"（克尼），介词的"至"是"bis"（毕斯）。如果是这样，那么这座山就有雪不溶化的特点了。我们回到海岱山后，遇见登克曼和鲍木迦特，万想不到，他们听说我们住在基督教会的疗养所里，竟传为笑柄。他们说："有的是房价低廉的公寓你们不去住，为什么要住那个鬼地方呢？"

除黑林区外，我们还去过不少其他的地方。其中最难忘记的是瑞士的罗迦诺（Lugano）。我们因为鲍尔夫妇在那里度假，他们邀我们去与他们同住。我们于1934年8月10日至14日，又一次至梯梯湖小住，随即经过弗莱堡（Freiburg）、巴塞尔（Basel）、路采恩（Luzern）到了罗迦诺。鲍尔夫妇迎接我们，把我们带到罗迦诺湖滨他们已经租好的一座简朴的"别墅"。我们在那里一直住到9月16日，整整一个多月。冯至在1937年春写过一篇散文《罗迦诺的乡村》，把我们在那里的生活写得生动有趣，我这里不必浪费笔墨了。只记得离开罗迦诺后，于9月17日（这天凑巧是冯至的生日）我们在著名的四洲湖（Vierwaldstätter See）上泛舟，他写信给鲍尔说："真像是在梦中，担心会从梦中醒来。"他还说："很怀疑自己配不配享受这样的美景。"

冯至预备博士论文

冯至和他的朋友杨晦、陈翔鹤、陈炜谟创办的《沉钟》半月刊从 1926 年 8 月 10 日到 1927 年 1 月 26 日共出了十二期。经过五年多的停顿之后，这刊物于 1932 年 10 月 15 日复刊，到 1934 年 2 月 28 日又出了二十四期。在复刊的时期内，陈炜谟回四川家乡养病，陈翔鹤在外地教书，刊物的编辑出版等事宜由杨晦一人在北京承担，在中法大学教书的林如稷从旁辅助。复刊后的前几期，即 1932 年秋至 1933 年初，发表过冯至从柏林寄去的散文《塞纳河畔的无名少女》和他翻译的里尔克的诗和散文。以后半月刊上除了在 1934 年的个别期内登载过冯至的几首诗和翻译的《画家 Van Gogh 与弟书》外，就没有他的翻译和作品了。从这里可以看出，冯至从 1933 年以后几乎没有任何写作。他的时间并不是被我们的"散步"消磨掉了，而更多的时间是集中精力用在读书和准备博士论文上边。他并不把博士头衔看得怎么重要，只是觉得这是一种责任，用了国家的公费在国外学习，将来回去总要有所交代。1933年，阿莱文（Alewyn）被聘为宫多尔夫教授讲座的继承者，他想在阿莱文的指导下写博士论文，这也是他又回海岱山的主要原因之一。他到海岱山后，参加阿莱文开设的研究班，最后与他商定写论文的题目，是分析里尔克的《马尔特·劳利得·布里格随笔》。冯至为此读了大量与之有关的资料，写出论文提纲，正要与阿莱文进一步商讨时，阿莱文因为是犹太族被撤职了。这对于冯至是一个很大的打击。他想离开海岱山，去弗莱堡，并且到那里去过一次，与一位教授接洽。但是登克曼和鲍木迦特都劝他不要走，说就是为了听雅斯丕斯的课也应该留在海岱山。至于指导教师，他转向一位文学教授。这人名布克（Boucke），写过研究歌德文体的著作，熟悉北欧文学。布克不同意原定的论文题目，几经商讨，定为《自然与精神的类比——诺瓦利斯的文体原则》。诺瓦利斯和里尔克一样，都是冯至最感兴趣的诗人。冯至说过："论文的对象，若不是我爱好的或敬重的人和事，我是写不出来的。"在他1934年的日记里，记有"五月六日，至布克家，讨论论文事"。以后他就倾注全力，研究诺瓦利斯，就是在罗迦诺休假时期，他也随身带着一部四卷本的《诺瓦利斯文集》和一部打字机。

我与他不同，我不求甚解和不专一的学习态度害了我。那时我精力旺盛，自以为德语已掌握得差不多了，想扩大语言范围，学古代语言。登克曼极力劝我学古希腊文，说希腊文的文学哲学太丰富了，一生享用不尽。我就在大学选修古希腊语课，还在外边找一位私人老师每周学两小时，果然我学得还好，能借助注释读些浅近的希腊文学作品了。我非常兴奋，在准备回国时，买了几种古希腊文学书籍，如英国牛津版的《柏拉图全集》等，以便终生研读。谁知回国后哪里用得到希腊文，那些书束诸高阁，一放就是十多年，后来都被冯至捐赠给图书馆了。而我在病后记忆力衰退，把希腊文忘得一干二净，现在只想得起来教本第一页上的第一句。当时冯至不赞成我乱搞，说我不踏实，不切实际，我反而嘲笑他"十载专攻德意志"。其实他并不死守一门，他常围绕一个课题广泛而深入地阅读许多书籍。他的视野比我宽广得多。

难忘春城花满枝

冯至论文完成后，于1935年5月27日交布克教授审阅。6月20日、26日分两次进行口试答辩。第一次的主考除布克外，还有古德语教授潘采尔（Panzer）；第二次主考是雅斯丕斯和美术史教授戈利塞巴赫（Griesebach）。

论文及考试通过后，冯至的学习告了一个段落，准备回国。这时横在我脑里的有两个问题，一是冯至回国，我要不要同他一起回去；二是要不要结婚。关于第一个问题是这样解决的，先和冯至一起回去，然后积攒一些学费我再回来继续学习；关于第二个问题，就是不管回去不回去，都迫在眉睫了。

我们从认识而相爱，而订婚，中间经过了六年，二人都不提结婚的事，亲友们有些为我们着急，甚至不甚理解。这要由冯至"负责"。冯至，不知是由于儿时的遭遇不幸呢，还是受德国浪漫派和法国世纪末文学以及基尔克郭尔的影响,他的心理状态似乎不很正常,这可以用他在1934年给鲍尔的一封信中的一段话来说明:"我于美的、崇高的、属于一种大幸福的事物总是有一种畏惧。对于走入一个神圣国土的第一步我总是迟疑不前……我不属于那些会利用每个机会的人们,却属于那些人,他们常常后悔耽搁了机会。"冯至这种复杂的心情没有向我说过,如今则是非迈出走入那个"神圣"国土的第一步不可了。但是还有问题,我们二人都不愿意,甚至讨厌社会上一般的结婚仪式。如果回国结婚,这一"关"是要过的。为了躲避这一"关",我们经过反复商量,决定在巴黎结婚,可以省却许多麻烦。冯至写信给张凤举,说出我们的想法。很快就得到张先生的回信,他赞成我们这样做,表示热烈欢迎。于是我们决定去巴黎,在7月上旬的一个早晨离开了可爱的海岱山。在火车上我们不约而同地背诵起我们在海岱山散步时拼凑的一首打油诗:"他年重话旧游时,难忘春城花满枝。三月巷中吃午饭,《二群集》上写新诗。峰名宝座临荒殿,街号鸣潭倚涸池。绮丽河山收眼底,哲人路上最多姿。"需要注明的是:我们有一段时期在三月巷(Märzgasse)的一个饭馆里吃午饭,价廉物美,服务周到;《二群集》是我们共同抄写戏作的稿本,冯至乳名立群,我别号玉群，《二群集》因此而得名，不幸也在十年浩劫中烧毁了；鸣潭街、宝座峰、哲人路，如前所说是我们居住和经常散步的地方，最难忘记。

结婚与归途

我们大约在 7 月 10 日左右到了巴黎，张凤举在车站上热烈地迎接我们。他已经为我们订好了旅馆。我们在旅馆里坐定后张凤举问我们能在巴黎住多久，然后有什么打算。我们说在巴黎可能住半个月，然后去意大利，到罗马等地看一看，定于 8 月上旬某日从威尼斯乘意大利邮船回国。他于是为我们拟定在巴黎的日程。他说："巴黎无人不知无人不晓的名胜如圣母院、先贤祠、凯旋门、铁塔、罗浮宫等地，你们可以按照《巴黎导游手册》自己去参观游览，我不奉陪。我要陪你们去手册上没有或是手册上虽有却不大有人去的地方。"然后，我们就谈到结婚问题。他说，这由他一手包办，他为我们向中国驻巴黎的使馆登记，为我们订结婚的地点。结婚时间，经过商量后，定为 7 月 20 日。他并且为我们写结婚通知，复印后寄给国内和国外的亲友。我们都按照他的意见进行。那些著名的地方,我们自己去摸索。他带我们去的,往往是具有巴黎味（正如现在所说的"京味"）的所在。例如有一天晚间,他领我们走入一条小巷,迈进一个地下室的门槛,出乎意料,立即踩在一个跷跷板上,让人大吃一惊。室内面积不大,客人们围着几张桌子,津津有味地欣赏台上的艺人唱地方谣曲,讲幽默的故事,时而应声合唱,时而会心微笑,我们自然听不懂,却也感到另是一番风味。张先生说,这里原来是牢狱,现在成为巴黎人的娱乐的场所了。又如应冯至的要求,他带我们到克吕尼（Cluny）博物馆,去观看那里收藏的六幅壁毯《淑女与独角麒麟》（La Dame à la Licorne）,这是因为里尔克在《布里格随笔》里对这壁毯做过生动的描写。六幅壁毯上织着一个淑女通过视觉、听觉、嗅觉、味觉、触觉和愿望与象征贞洁的独角麒麟和谐相处,想不到这与佛教的"六根""六识"（甚至排列的次序）都互相契合。我们和张凤举去沙特勒（Chartres）参观著名的哥特式大教堂,冯至非常欣赏那里的彩色玻璃窗和雕像,尤其是一座手执日晷的天使。我们也碰上法国的国庆日（7月14日）,共同观赏了巴黎那天晚间燃放的烟火。

7月20日,我们在巴黎的一座中国餐馆山东饭店举行了一个小小的婚宴，约有八九个人。其中有两个法国人，一男一女，他们在北平工作过，冯至经张凤举介绍教过他们的汉语。中国友人中有冯至北大同学在法国学化学的冯式权，从海岱山赶来的陈育凤，还有宗真甫。冯至考留学生时，宗真甫任河北省教育厅某科的科长，因此相识，这时他代表中方在里昂中法大学工作。张凤举建议把他也请来，冯至说他在里昂，不便劳驾他了，张凤举的回答与冯至的想法正相反，他说："宗真甫在里昂中法大学伤脑筋的事太多了，不如请他来巴黎散散心。"

我们的婚宴，国内的亲友不能参加，酒席间大家却也谈笑自如，别饶风趣。张先生作为我们的主婚人、证婚人，还代表家长，他身兼数职，显得格外高兴。他大概想起从1922年，就与冯至相识，眼看着当年一个幼稚的学生如今"喜结良缘"，感到一种安慰吧。我和冯至也跟大家一样，谈东说西，与平常没有两样。但我内心里却充满难以形容的快乐，回想我们北平的相识和两年的别离，回顾我们在爱西卡卜和海岱山的学习与散步，到现在都成为过去，告了结束。从此我们要开始一个新的生活。怎样使这新生活过得更有意义，这就完全要靠我们二人怎样努力了。

结婚后约四五天，我们离开巴黎，与张凤举话别时，他说，他不久也将回国。我们对他的感谢不是用语言所能表达的。

我们乘车到了米兰，小作停留，那时鲍尔夫妇正住在米兰，他们陪同我们参观了雷渥那德·达·芬奇的名画《最后的晚餐》。到了热那亚，忘不了的是一次在海滨公路上的散步。在罗马自然是按照《导游手册》走马观花。冯至在罗马一家美术商店里买了几幅照片，一幅是藏在那坡里的浮雕《奥尔弗斯（Orphens）与他的亡妻爱吕留克（Eurydike）》，另一组三幅是《爱神的产生》，即所谓"卢多维珂（Ludovico）家藏的浮雕"。这些希腊浮雕都成于公元前5世纪，冯至对它们十分钟爱，后来配了镜框，经常悬挂在墙壁上。我们最后到了威尼斯，回想三年前冯至在这里迎接了我，如今从这里一同回去，意大利任何一个地方，都不如威尼斯使我们觉得格外亲切。在威尼斯只住了两天，当我们登上意大利去上海的邮船时，对它那里水上代步的小艇，互通往来的小桥，以及圣马可广场上的鸽群是依依难舍，好像它们都在问："何时君再来？"

我在船上重温三年前来时的航程，路过孟买、科伦坡、中国香港，我们都下船转一转，我也算是旧地重游，当了冯至的向导。

回国后的前四年

在北平

我们的船在 9 月上旬的一天，到达上海，冯至在柏林时认识的一位学历史的同学张贵永在码头上迎接我们。他陪同我们到旅馆里，略做安排后，便和他的夫人邀请我们到一家饭馆里晚餐。他说，他和他的夫人因事来上海，只住几天，正巧我们这时回国，蒋复璁拜托他来照顾我们，并请他转告冯至，务必到南京去看一看，那里有不少留德的同学。蒋复璁于 1932 年回国后，就筹备成立中央图书馆，任馆长，朱偰、滕固都在那里。张贵永是中央大学历史教授。

晚饭后，我和冯至迫不及待地去看杨晦。杨晦因 1934 年家庭发生变故，他一人住在上海。几年不见，杨晦思想有了很大的变化。冯至向他的老友述说他几年来的思想状况时，他严肃地向冯至说："不要做梦了，要睁开眼睛看现实，有多少人在战斗，在流血，在死亡。"这对冯至无异于当头棒喝，后来，他写的回忆文章里，不止一次地提到这句话。冯至在国外几年，学到一些东西，也的确做了些不切实际的梦。杨晦向我们说了许多在国外闻所未闻的事，一直谈到夜深。

我们在上海几乎天天跟杨晦晤面，9月6日，他陪我们去拜访鲁迅。鲁迅在那天的日记里写着"下午杨晦、冯至及其夫人见访"。谈话的内容，冯至都写在《鲁迅与沉钟社》那篇文章里了。

西方有句谚语："你若了解一个人是什么样的人，最好看看他结交的是什么样的朋友。"冯至结交的友人中可以分为两类：一类是志同道合，苦乐与共的莫逆之交；另一类是并不志同道合，却对冯至友好，随时给他以帮助。前者在旧社会里落落寡合，有些反抗性，如杨晦、陈翔鹤；后者往往是与现实妥协的事业中人，如蒋复璁。

冯至的性格并不属于这两类人的任何一类，但他们对冯至都有影响。冯至在国外时，不像有些留学生那样，经常与国内的学校或机关保持联系，有了职业后便稳稳妥妥地回国。他从来没有想过将来回国后在哪里工作。现在回来了，迫在眼前的问题是干什么，换句话说是何以为生。蒋复璁希望冯至到南京去，不愁没有事做，想做什么，甚至可以自己选择。何去何从，我们跟杨晦反复商量，他说："南京，国民党的气味太重，不能去。北平虽已是一座危城，但多少还有些自由的气氛。纵使是胡适，也比南京国民党的官僚学者要好些。"最后我们决定去北平。虽然如此，我们路过南京时，还是下车小作停留，蒋复璁热情招待我们，陪同我们参观了中山陵，游玩了玄武湖，还介绍我们拜访了朱家骅。冯至在北大读书时，朱家骅曾一度担任过德文系主任，也算是有师生之谊。那时朱家骅是国民党政府的交通部总长，他为了扩张自己的势力，很注意收罗留德的学生，蒋复璁常为他延揽"人材"。冯至不肯留南京，蒋复璁感到失望，临别时握着冯至的手说："先到北平去看看吧。"

我们于1935年9月12日乘火车到了北平。冯至于1930年9月12日离开北平，时间真是凑巧，整整过了五年，也就是地球绕太阳转了五周。这五年内，中国被日本侵略者夺去了东北三省，红军进行了艰苦卓绝的二万五千里长征，北平在敌人的虎视眈眈下苟且偷安。我们既然回到了北平，就要做在北平生活下去的打算。首先是要建立一个家。

我们回到北平，在我二姐家住了约两个星期，随即在西单附近新平路租了一所四合院，首先是把冯至的父亲接来同住。冯至在国外五年，他父亲在北平、天津有时住公寓，有时寄居在亲戚家中，过着孤单而寂寞的生活。他写给我们的信，跟其他的信件一样，都已焚毁，偶然于一本旧书中发现夹在里边的一封残存的信，是1935年6月3日从北平写给冯至的，我从中摘录一部分，可以想见他那时的状况：

植儿：上月杪由津转来5月10日竹报，慰悉一一。考试日期已经批准，纵再延宕，归期亦当不远矣。父旅平瞬将两月，承汝二嫂招待至周且备，且对于余之饮馔尤为注意。……不但汝心不安，即余亦觉不安也。初意以为汝两月后即可回国，当时甚暂，不料即自今日计，仍须两月余矣。兹拟于月半仍复回津，打算与蔼民表妹同行。她校大考12日即可考毕。……至于公寓生涯，父觉得稍有不便之处。缘余之精神迥异前数载，设有小不适，弥感痛苦，殊不耐旅馆之凄凉也。仍不如暂作寄生虫之为愈矣。如稷、荫潭久未晤面，委因气候已趋炎热，雅不欲到处奔走，劳民伤财。卢氏昆仲偶一见之。儿回国时，适值炎夏，溽暑可畏，饮食行止，汝与可崑均要多多注意，至要至要。……

这里需要稍做说明：那时他父亲住在天津陈燕昌家里，陈燕昌是冯至生母的弟弟，也是他姑母的丈夫。蔼民是陈燕昌的女儿。冯至的父亲既是蔼民的舅舅，也是她的姑夫。正如冯至称她的父亲舅舅，她也称冯至的父亲舅舅。她当时在清华大学化学系读书。冯至的父亲到北平来，就住公寓，这次是冯至的堂兄冯承棣接他到家里去住，冯至称他和他的夫人为二哥二嫂。信中说到的如稷、荫潭已见前文，卢氏昆仲是卢伯屏和卢季韶，他们是涿县同乡，季韶和冯至曾在北大同学。

新平路的房子空空旷旷，家徒四壁，我们什么也没有，从二姐家里借来一些家具，略事布置，冯至的父亲住进来，那种舒畅而快乐的心情是多年来不曾有过的。他和蔼可亲，对我坦率诚恳，我们彼此间很快建立起来的感情已经不是翁媳间一般的关系，而是情如父女。他住正房四间，阳光充足；我和冯至住西厢房三间。我们把每月的生活费用交给他，由他主持家务，他把老家的一位厨师找来，给他做可口的饭菜。一家和乐相处，毫无芥蒂。他每天早晨去公园散步，有时和他的好友互访，其中有汪仲方二叔是他几十年的至交，来往最密切。记得1936年春节，汪二叔送给他两块猪油年糕。是他最喜欢吃的食物。可是他有痰喘病根，不宜吃油腻，我向他说："不要吃，这会引发老病。"他听着有理，可是面对年糕还是想吃点。他面带笑容向我说："让我吃点吧，不会犯病。"他像是一个小孩似的请求着,我也不太坚持了。谁知,他吃了不多,就真犯病了,咳喘不止。我赶紧陪他到医院去诊治。痊愈后,他面带愧色地向我说:"没想到真病了,以后我绝对听你的话,不乱吃了。"我听了,觉得他慈祥和善,真像是父女之间的语言,内心里感到安慰。像这类的小故事,不止一二。

我们在北平与父亲共同生活,融洽和睦,享受天伦之乐。冯至的朋友顾随、林如稷、卢伯屏对我们都很关怀,常来聚谈,涿县故旧也有时来访父亲,说些冯至儿时的故事,甚至说到他的生辰八字,给他算命,我听着这些"天方夜谭",也颇有兴趣。陈蔼民表妹,大约每星期日都来我们家,为父亲承欢解闷。她的母亲,冯至的姑母,来京小住,看见举家欢乐祥和,她也分享我们快乐的生活,说她的哥哥忠厚一生,晚年幸福。

我们到北平后,蒋复璁不断给冯至来信,问他能不能去南京,说南京大学拟请他为外文系讲师,言外之意是北平岌岌堪危,非久居之地。冯至还是婉言谢绝了。那么,在北平何以为生呢?那时胡适任北大文学院院长,冯至做学生时,因为经济困难,给他抄写过一部《王荆公年谱考略》,换取一千字两角钱的抄写费。冯至听说胡适掌管中华教育文化基金董事会的大权,里边设有一个编译委员会,组织人力翻译西方名著,每月支付译者一定的生活费,等到书成后,再总结算。胡适惯例每逢星期日上午接见来访者。冯至在十月下旬一个星期日去拜访了胡适。胡适初见冯至，似曾相识，冯至提到十多年前给他抄过书，他才想起来确有其事。冯至向他说明了来意，他并不反对，只说要看看译文如何。11月18日冯至把自己翻译的《维廉·麦斯特的学习时代》前两章作为"样品"请他审阅。他同意冯至翻译歌德作品，每月预支稿费一百五十元。1936年暑假后，冯至有了正式工作，有固定工资，写信给编译委员会，请他们停止预发稿费，他们同意了。这一"停止"，好像没有人催稿，缺乏推动力，翻译也进行迟缓了，直到抗日战争时期，拖拖拉拉，完成了前五部和第七部一半，便中止了，六、八两部及第七部的后半都是我继续译完的。译文我们很不满意，不肯拿出来付印，在箱里放了几十年，直到1988年才交给人民文学出版社，由责任编辑关惠文整理出版。

北平有一个中德学会，主要搞文化交流，设有两个常务干事，一中一德。德方的一位是在辅仁大学教书的谢礼士（Schirlitg），北平图书馆馆长袁同礼介绍冯至担任中方的常务干事，学会和商务印书馆订有合同，出版《中德文化丛书》。冯至每星期去三个下午，主要是校阅书稿。学会在1936年春举办了一次"德国绘画展览会"，冯至为此写了一篇介绍德国宗教改革时期的著名画家都勒的文章，后来作为附录收入他论歌德的文集里。

《沉钟》已停刊许久，沉钟社的朋友星散各地，冯至和文艺界实际上失掉了联系，自己也没有写作的愿望。偶尔与朱光潜、梁宗岱等人晤面，也不过是谈论些古典的或外国的诗歌，不着边际。他忽然有一天写了一首关于威尼斯的诗，发表在《大公报》12月上旬某日的副刊上。正巧那天《大公报》有触犯北平当局的报道，禁止在北平出售。冯至没有留底稿，那首诗像是石沉大海，他再也没有看到。不料却被上海的杨晦读到了，他写信给冯至，大意说："你的诗在技巧上比过去成熟些，但是你的诗里对待事物那种冷冰冰的态度，我读后很不舒服，我不希望你写这样的诗。"这句话后来冯至在纪念杨晦的文章里也引用过。

我还陪同冯至去拜访过他在北大时一位给他讲德国文学的老师。这人名洪涛生（Hundhausen），是一个畸人。他本来是律师，到北京来办理一个已故德商在中国留下的一大笔遗产。可是他爱上了中国文学，他与北大某同学合作，翻译了《西厢记》《牡丹亭》、陶渊明诗等。冯至出国前也帮助他译过《琵琶记》。他独身住在广安门外一座叫作"南河泡子"的小岛上，几间简陋的平房，四周是葱茏的树木，他过着朴素的隐士般的生活。使我惊讶的是，别的鸟他不养，却养着一只猫头鹰。猫头鹰在中国是不祥之鸟，在西方则是智慧的象征。他进城时也到我们家中小坐。冯至说，他去德国留学选择了海岱山大学，就是洪涛生向他建议的。北平解放后，他作为德侨被遣送回国，听说他到德国不久，好像"水土不服"，就逝世了。如今南河泡子，我们没有再去过了，或许另有建设，或许夷为一片平地了。

1936年6月8日，我生了女儿冯姚平。我在怀孕期间，小心翼翼，实行古今中外所有的"胎教"。这时期内，有个别女友来访，偏偏常向我谈些有关自己或别人难产的情况，她们本来是善意，介绍经验，叫我要注意哪些事，谁知对我起了反作用。我有些神经质，觉得那些事例都不免要轮到我的身上。尤其是听说作家黄卢隐因难产而逝世，更增添了我的恐怖感。我们做了种种准备，谢礼士介绍我到德国医院预诊，他说那里的沃尔夫（Wolf）大夫是有名的妇科医生。虽然如此，那些事例中的一项还是光临了我，过早流出羊水，胎儿体大下不来。沃尔夫自恃艺高，给我打催生针也无效，经过两次全身麻醉，施行手术，孩子才生下来。我数小时不省人事，直至傍晚才醒过来。由于大量呕吐胃水，呛到肺里，得了产后肺炎。高烧昏厥，又打针抢救，忙了三天才脱离危险期。但是烧退得很慢，真是"病来如墙倒，病去如抽丝"。冯至守护着我，二人把体温表当作最可靠的伴侣，看那表上的小格降一格则喜，升一格则忧。这样成为习惯，只希望降，最怕升。最后烧退了，体温表停留在三十六度，我问护士："怎么不往下退呢？"护士笑着说："再退你就不能活了。"我被病搞糊涂了，竟说出那样的傻话。在我的病情严重时，冯至也不比我明白多少，他常在旧小说和诗歌里读到，恩爱夫妻往往不能长久，他心里暗想，这句话会不会应验在我们身上。他父亲赠给我们一块圆形古墨，上边刻有一对凤凰，名为"双凤玦"。冯至生怕那块含有象征意义的墨在我病重时会有了变化。他一晚从医院回到家中，担惊害怕地把那块墨从盒中取出，左看右看，没有裂痕，完美无缺，才放心了。我们的孩子呢，忽然发现她脖子有些歪，医生说是在胚里压的，可用纱布缠脖子纠正，若是纠正不过来，就得到四五岁做手术，这也给我们增加烦恼。幸喜我在医院住了一个多月，病好后，孩子的脖子也渐渐纠正过来了。我因为一场大病，奶水没有了，孩子只好请一位奶妈哺育。大灾小难，都已过去，一天下午我出院回家，我在车上抱着孩子反复地说："跟着娘娘回家了！"好像唯恐我们得之不易的宝贝婴儿不肯跟我们一块儿回家，或是她的小"灵魂"还留在医院里。生小孩子本来是一件平常的事，可是对于我和冯至却演出这么一场悲喜剧，在过程中还暴露出我们迷信命运的思想，并且使我下定决心不再有第二胎。直到十年后，即抗日战争胜利后的第二年才顺利地生了第二个女儿冯姚明。

从1935年秋到1936年夏，冯至承欢膝下，照顾病妻娇女，尽到了一切责任。他收到蒋复璁的信，说上海同济大学聘他为教授，兼附设高级中学暨德语补习班主任。他复信同意。他在7月下旬便到上海去了。不久天津女子师范学院院长齐璧庭聘我到女师任教授兼师中部主任，条件优越。我想，天津离北平近，可以照顾父亲，我和冯至分头各人搞各人的工作，不互相厮守，也并不错。可是慈祥的父亲对我说："看形势，平津非久留之地，我们现在是'燕巢于飞幕之上'，而且你们为了照顾我，长期分居，我有所不忍。你赶快走，去上海，我在北平还有别的子女照顾，你们每月给我寄生活费就行了。将来条件成熟时，我到南方找你们去。"听了他的话，我也就决定不去天津而去上海了。这时冯至的姐姐承叶和他的弟弟承懋夫妇都从东北回北平了，一家人过得挺欢乐的。

农历六月十六日是父亲的生日，我想冯至已去上海，我要好好给他庆祝一番，让他尽情快乐。他的亲友，尽我所知道的我都通知了，我也借此机会认识认识冯家的亲朋好友。那天过得气氛热烈，亲爱友善，父亲的脸上显露出愉快的神情。虽然冯至远在上海，他说，也觉得跟在他的身边一样。尤其是将及两个月的婴儿，发育健壮，不哭不闹，很乖，父亲看着格外高兴，因此叫她"小乖"。我带着女儿给老人拜寿，这孩子好像懂事似的向爷爷招手。我一天走出走进，身体很累，但情绪特别好。这是我唯一的一次参加父亲的寿辰。后来带着女儿离开北平去上海，不料竟成永别。抗日战争期间我们辗转内地，他竟于1938年初冬在北平逝世了。

在吴淞

我约在8月中旬离开北平。行前收到冯至的信，说我大病初愈，尚未复原，又带着刚满两个月的孩子，一路要格外小心，最好乘二等车。等到我和奶妈抱着孩子乘三等车到上海，月台上看不见有人来接，正在疑虑时，冯至从接二等车客人的地方跑来，他问我收到他的信没有，怎么带着孩子坐三等车？我笑着说，我喜欢大众化，随后我小声告诉他："家里没有钱。"

我们租住在吴淞镇的一座小楼房里，离同济大学附中不远，陈设简单，空气新鲜。镇上可以买到各种各样的海鲜，正投合我的口味。我被安排在同济附设高级职业学校教德语，做兼任教师，每星期八小时。校址在江湾，我每周乘小火车去江湾四次，却很少去上海市内"观光"。天天早晨奶妈用小车推着小乖到黄浦江边散步，孩子发育很好，健壮活泼。我们给父亲写信，寄生活费，大都是由我执笔。我久慕苏州名胜，父亲早年在那里工作过，他也一再介绍。我自从到吴淞之日起，就想去苏州看一看，可是每星期日不是被旁的事耽搁了，就是起床晚了，一直没去成，不能不说是一件遗憾的事。

回想我们在北平居住，冯至仅十个月，我则将及十一个月。我们那个小家庭，如前所述，过得很平静。但是北平和华北的局势一点也不平静。汉奸殷汝耕在日本侵略者的卵翼下组织了冀东自治政府，"何梅协定"后，北平成立了"华北冀察政务委员会"。日寇得寸进尺不断侵略，国民党政府步步退让不抵抗，在这形势下，北平的学生群众在中国共产党的号召下展开声势浩大的"一二·九"运动，提出"反对华北自治""停止内战一致对外""打倒日本帝国主义"等口号，得到全国各地的响应。我们回国时，杨晦曾警告我们"不要做梦了"，我们北平那一段生活，实际上还是继续做梦。如今到了上海，进步势力与反动势力的斗争更为尖锐，我们的梦还能继续下去吗？不，梦渐渐地（还不是猛然地）醒了。

同济大学的前身是一位德国籍医生于 1907 年在上海创立的同济德文医学堂，1912 年增设工科，名同济医工学堂。第一次世界大战后改为国立同济大学，仍是只有工学院和医学院，

1936年又建立了一个小规模的理学院。由于学校的传统，德语为第一外国语，德籍教师很多，讲授用德语。为了学生能掌握德语，设有附设高级中学暨德文补习班。这学校属于朱家骅的势力范围，冯至能到那里工作就是蒋复璁通过朱家骅给推荐的。朱家骅希望到同济去工作的人能为他培养"人材"，将来供他使用，并拟在大学里筹备文学院。可是冯至辜负了他的希望，没有按照他的"精神"去做。

冯至缺乏政治头脑，但他为人正直，秉公行事。他初到同济，对于同济的政治形势，茫然无知。只知道爱护聪明有为、学习良好的学生，讨厌狡诈虚伪的学生。而有进步思想的学生大都属于前者，反动的学生则后者居多。同时他邀请杨晦到附中任历史教师，杨晦结合历史教学对学生进行爱国主义教育，主张抗日，反对法西斯专政，深得广大学生的欢迎。

附中的进步学生于课外组织救国会、读书会、时势报告会、话剧团、歌咏队等，学习并宣传抗日救国思想，反动学生（他们分为复兴社与CC两派）总是出来捣乱破坏。在这里我从同济大学出版社1985年出版的《同济大学学生运动史》里抄下一段：

学生运动并不是孤立的，它在校内得到一些进步教师的支持。如附中部主任冯承植（冯至）和历史教员杨晦就是具有民主思想、积极拥护抗日救亡的学者。他们对进步同学一贯抱着同情、爱护的态度，对广大学生循循善诱，引导他们向民主、进步的方向发展，这就起着抵制反动派恶劣影响的作用。有一次，学生何鹏在上数学课时，看一本关于《义勇军进行曲》（按：系《东北义勇军》之误）的进步书籍。一个特务学生发现后，就设法偷走这本书，并把它交给军事教官，军事教官又将这本书交给冯承植处理。冯就在纪念周会上对同学们说："《义勇军进行曲》是一首爱国的歌曲，是唤起民众抵抗敌人的歌曲（按：'歌曲'应改为'小册子'）。同学们看这本书，是无可非议的。但是，不要在上课时间看。今后一定要禁止在上课时看别的书。"

又如，1936年10月，鲁迅逝世，我和冯至、杨晦一起到上海，参加出殡的队伍，直到墓地，听宋庆龄、沈钧儒在墓旁讲话。次日冯至到学校，校里的人告诉他说，昨天下午大学部来了三次电话找他。不言而喻，这是调查冯至是否给鲁迅送殡去了。参加鲁迅葬礼是正当行为，大学部的"领导"却认为这有"问题"。不久，大学秘书长周尚就把冯至请到他的办公室里，取出一个黑名单给冯至看，上边除去十几个学生的名字外，教员中还有杨晦。说这些人是受第三国际指使的。冯至说，这些学生都是好学生，学习优良，没有发现过他们有什么越轨行为，至于杨晦，冯至说："这是我介绍来的，如有问题，我负责。"

同济附中的教师，大都学有专长，品行端正。但他们明哲保身，在错综复杂的斗争中，从不介入，既不助纣为虐，也不从善如流，只图把课教好。只有一个姓徐的训育员，干些通风报信的勾当。另一个教"党义"姓张的教员，也胸无大志，只知吃党饭而已。这二人属于 CC 派。至于军事教官不言而喻自然属于复兴社派，但也能力有限，远不如学生中的复兴社派那样张牙舞爪。他们看着冯至的主张有点不对头，但也莫测高深，因为他们知道冯至是朱家骅举荐的。

冯至在同济附中第一个学年内（即从 1936 年 8 月至 1937 年 7 月），学校里进步与反动的斗争没有停息过，西安事变后，明争暗斗更为激烈。学生中间常常为了不值一提的芝麻大的小事便起纷争，其实都隐伏着政治背景。冯至在学校里相当孤单，遇事除杨晦外，没有人可与商量。每天他从学校回家，我们谈话的内容，再也不像在北平时那样单纯，更不像在海岱山时那样轻松愉快了，往往是些伤脑筋的事，回首前尘，真恍如隔世。他常常埋怨说，他不是干什么主任之类的材料。但他通过许多意想不到的实际工作也明白了一些道理，学会了不要从表面上看问题。有时他也自嘲地说："不是我教育学生，是学生教育我，不管是来自正面或反面。"

他有时也有不速之客来访。一天早晨，附中一位姓戴的化学教师带来了一个客人，一问，是戴望舒，他们是本家堂兄弟。戴望舒创办《新诗》月刊，曾通信约请孙大雨、卞之琳、梁宗岱、冯至和他共同组织编委会。这次初次见面，谈了些关于刊物的事。又一次，徐诗荃飘然而至，说他的侄子在同济大学读书，才知道冯至在这里。二人数年不见，未通音讯，但握手言欢，仍不减当年风趣。这时他用笔名梵澄发表他的译著。李健吾也时有往来。张凤举已从巴黎归来，我们曾到上海去看望他。

冯至于业余之暇渐渐恢复了停顿许久的写作生活。他在10月写纪念里尔克逝世十周年的文章，并译了几首里尔克的诗，在12月份的《新诗》上发表。后来他还给《新诗》译了歌德的"爱欲三部曲"中最长的一首《玛利浴场哀歌》。黄源约他给《译文》提供译稿，他叫我给《译文》从一本德文杂志里译出俄罗斯安恩廓夫的《忆果戈里》。他翻译尼采的诗，一部分给《译文》，另一部分给王统照编的《文学》月刊。1937年春，陈炜谟从四川来信介绍，他在《西风》上发表两篇散文《罗迦诺的乡村》和《怀爱西卡卜》。快到暑假时，朱光潜在北平筹备《文学杂志》，向他索稿，他写了四首怀念亡友梁遇春的诗，发表在这杂志的第一期里。他还把他在柏林时译完曾在《华北日报副刊》发表过的里尔克《给一个青年诗人的十封信》重新整理，写了序言，寄给北平中德学会，作为《中德文化丛书》里的一种。这中间《维廉·麦斯特的学习时代》的翻译仍然慢慢进行着。这一切，都是他屏除行政工作的烦恼，在夜里灯光下完成的。

七七事变后，北平、天津相继沦陷，表妹陈蔼民清华大学毕业，来上海住在我们家里。上海的形势也危在旦夕，吴淞处在最前线，同济为了安定人心，不让人往上海租界里搬动。可是我每次去江湾，就看见戴钢盔的士兵在路旁隐蔽着，心知事已十分严峻。于是与冯至商量，在上海法租界霞飞路二十二号租了两间房，先让表妹、小乖和奶妈带着几只提箱到那里暂住，后来我也搬入。冯至还坚守岗位，可是吴淞口已成为日本军舰的天下。

冯至在8月12日上午7时许还到江湾，借用附职的教室为附中招考新生。他回吴淞后，小火车就断了。我听到这个消息，十分焦急。有人说坐小船可以回上海。我们总是悬心吊胆地等着。下午3点、4点、5点……都过去了，直等到夜

10时,他才疲惫不堪地回来,他什么东西也没有带,腋下只挟着四个镜框,即他在罗马买的《奥尔弗斯(Orphens)与他的亡妻爱吕留克(Eurydike)》和《爱神的产生》浮雕的照片。所有的家当都丢在吴淞了。大家雀跃欢迎,给他做了热汤肉面,他述说他怎样登上小船,船在日本军舰中间穿行,日本鬼子站在军舰甲板上用望远镜东望西望。大家高高兴兴陪着他吃面,忽然响起了炮声,到凉台一看,码头方面一片火红,看看表是子夜一点的样子,这就是"八一三"日本侵略上海的开始。我们的家就连同整个的吴淞镇交付给炮火了。

冯至在1945年听到日本投降的消息后,写过一篇《八月十日灯下所记》,里边有一段回忆从吴淞到上海他当时的情景和心情:

> 船到上海,已经是万家灯火,当我到家里向家人述说这一天的经历时,闸北一带的炮声已经响起来了。我听着炮声,深深地喘了一口气,好像放下了一个长年的重担,这重担是比"九一八"还早便已压在我们身上了。同时感到,整个的中国也在喘了一口气。

跟着同济大学迁徙

抗日战争全面展开，人心振奋，从此可以洗涤多年来的民族耻辱，大家情绪高涨，不惜付出任何牺牲。

同济大学决定连同两个附校（即附中与附职）迁移浙江金华。蔼民偕同她的同学陈明绍离开上海去兰州。她的父亲在兰州工作。后来在 1938 年 1 月 1 日他们二人在兰州结婚了。我们也向霞飞路房东告别，去浙江。那时正是 9 月中旬，正当旧历中秋节前，我们乘火车赴金华的途中，明月当空，敌机来袭，警报频传，记得在接近钱塘江处，正当夜半，车停住了，旅客都走下车来，我们提着箱子，在月光下走过钱塘江大桥。

我们回国整整两年，把自己封闭在北平大城内，吴淞小镇中，没有看到祖国的山川，也没有接触老百姓的实际生活，这次跟着同济大学迁移内地，虽不能说大开眼界，却也算是增长了一些见识。

浙江金华是个好地方，我们至今还常常谈到它。县城不大，清洁整齐，居民和蔼，物价低廉。从喧嚣的大城市出来，一到这里像是鱼儿从浑水沟中游入清水池塘。而且金华火腿全国闻名，哪怕是买一点便宜的下脚料，也可以大饱口福。

我们租了三间住房，坐落在芝麻山头。门外不远有双溪流过。李清照在一首《武陵春》词中曾这样歌咏："闻说双溪春尚好，也拟泛轻舟。只恐双溪舴艋舟，载不动许多愁。"据考据，这位女词人1134至1135年（即南宋绍兴四年至五年）避地金华，五十二岁，她的丈夫赵明诚已逝世六年了。

更使我们难以忘却的是金华北山的三座山洞：双龙、冰壶、朝真。双龙洞在北山脚下，岩石在洞外构成一座十几平方米广阔的"大厅"，下边是同样广阔的湖水。游人要躺在小船上被推入仅有二三尺高的洞口，到了里边则豁然展开，各种拟人、拟物的"石像"呈现在面前。有两根大树的化石横卧在一边，人们说，这是龙骨。冰壶洞在山腰，洞口窄小，进去走下二十几层台阶，忽然听到水声，顿觉清凉，抬头一望则见雪白的瀑布仿佛从天而降，水势相当汹涌。至于朝真洞在山巅。我们没有去，听说里边有异乎寻常的大蝙蝠。那时我们还没有看到桂林的山洞，只是这样的山洞已经够我们惊奇的了。

冯至不止去过一次，有时和我结伴同游，有时与他的同事们一起去观赏。

过去在吴淞，教师们教完书各自回家，冯至和他们很少来往。如今在旅途中，互相照顾，到金华后又经常聚谈，彼此协助，大家也熟起来了。而且师生之间也不像过去那样生疏，经常有学生到我们家里来闲谈，增强了解。当然他们跟杨晦更为亲近，无话不说。他们组织战时服务团，通过剧团、宣传队、歌咏队进行各种抗日救国活动，还成立医疗救护小组，分赴各地，从事后方的救死扶伤工作。同时也积极做开课的准备。

冯至事务是繁忙的，精神是兴奋的，生活是快乐的。我们爱上了金华，心想在这里至少可以住一些时候，于是廉价定做了书桌、书架、木床等家具。我们竟至这样说，将来老了，就搬到金华来度晚年。

但是好景不长，11月日寇进犯杭州湾，金华将成为兵家必争之地，同济大学不得不再迁移，选定的地点是江西赣州。

初到国外，会觉得许多事都很新鲜。身在国内，若在大城市住久了，一到内地，也同样会看到许多新鲜事物。在金华我们已经增长了一些见识，现在到了江西，我们的见识继续增长。我们活了三十多岁，还没有经验过南方民船里的水上生活。 一只船可容二十来个人，船篷不高，白昼只能低着头弯腰活动，夜晚并排而睡，有时可以走到船头船尾，略做舒展。我们和几位同事及其家属坐在从南昌到赣州的船上，逆赣江而上，大约航行了将及一个星期。大家共办伙食，有说有笑，每逢停泊在一座城镇旁，便都下去绕一个弯儿，舒展舒展筋骨，赏玩赏玩该地的风光。 船身很狭窄，人们的心胸却是广阔的。

冯至随身带着一部日本袖珍版的《杜甫诗选集》，他翻来覆去地读，越读越深入。他有一首绝句这样说："携妻抱女流离日，始信少陵字字真。未解诗中尽血泪，十年伴作太平人。"这是他认识杜甫，对杜甫发生兴趣的开始。 他也谴责自己，本来是生逢乱世，却不自觉，一味做着太平无事的梦，因此也就不能了解杜甫。 他也想到宋朝南迁后一些诗人的命运，好像他亲自体验了一番，他说："方辞漱玉双溪畔，又作稼轩造口行。"造口在万安县南，已接近赣州，辛稼轩在造口壁上题写他著名的《菩萨蛮》"郁孤台下清江水"，而郁孤台则是赣州的一个名胜。 又如停泊万安时，他在万安城内一个小书店买了一部《陆放翁集》，他写成一首绝句："寒江几日凄风雨，夜泊万安岁已迟。苦忆秋风铁马句，街头购得剑南诗。"他读杜诗的同时，也常背诵着陆游爱国主义的诗句。 我们到赣州时，壮怀激烈的 1937 年已将结束了。

在赣州，同济大学借用原镇台衙门作课堂，以武圣庙为学生宿舍，在1938年1月开始上课。附中的教务主任唐坚、附职的教务主任祝元青都是江西人，他们为了尽地主之谊，付出了很多的劳力。教师中我们最早熟识的是国文教师曹礼吾，他国学知识渊博，善于言谈。他的夫人魏慎先，是作家魏猛克的姐姐，她向我谈过许多上海文坛的轶事，后来我们结成好友。曹礼吾与德文教师项经方同住荷苞塘，项的夫人姓陈，是名门闺秀，为人和蔼可亲。我们三家互相来往，颇不寂寞。

在七七事变前，冯至曾向同济大学校长翁之龙推荐请鲍尔来同济教德语。校长同意了，他写信问鲍尔，愿不愿意到中国来，鲍尔也同意了。后来战争爆发，鲍尔遵守诺言，来到上海，在上海与同济的德国教师们会合，一同来赣州。这时我们住在一家楼上三间房屋，相当宽敞，鲍尔便与我们同住。我们畅叙旧情，十分愉快。他从欧洲骤然来到赣州，许多事都是生疏的，不能适应，我们帮助他习惯于这里的生活。

我们家里还不断有学生来谈，不久便发现，有一部分在金华时常见面的学生在赣州不见了，一打听，知道他们离开学校奔赴各地参加抗战了。最使人振奋的，是看到新四军的一部分路过赣州。《同济大学学生运动史（1919—1949）》里有这样一段记载：

1938年2月，新四军军部命令赣南游击队向皖南歙县的岩寺集中。新四军某部途经赣州时，同济的同学们以战时服务团的名义，派了三十多人前往慰问。部队首长热情地接待了同学们。大家听了该支队斗争史的介绍，还观看了这个支队的文艺宣传队演出的《大路歌》等节目。这次活动，使同学们大开眼界，他们过去没见过共产党领导下的人民军队，现在大家亲眼目睹了新型的人民军队，懂得了许多抗日的道理。

我们没有参加慰问，但亲眼看见新四军军容齐整，在街头走过，的确也感到耳目一新。进步的力量越增长，反动分子越不甘心，他们对校内的抗日救亡活动肆意破坏，有时还勾结地方的黑暗势力。双方的斗争十分激烈。学校当局不仅不支持进步学生，还对他们进行迫害，以开除相恫吓。学期结束将放暑假的时候，校长翁之龙收到一个包裹，包着两枚手榴弹，里边有一封信写着：冯承植、杨晦是第三国际派遣来的，若不解聘他二人，我们就要以手榴弹对待。翁之龙收到包裹后，不找冯至来谈，却叫人把包裹中的信送给赣州地方的专员，说是求他"保护"，实际是把冯杨二人交给他处理，因为那专员是一个反动透顶的人物。冯至听说，非常气愤，正巧当天晚间，高三毕业同学举行联欢会。冯至在会上发言说，抗日战争以来，大家本来应齐心努力，共同合作，不料学校在赣州半年以来，明争暗斗，总未停息，有人竟用卑劣的手段陷害人。他说，在这环境里不能继续工作了，他要辞职。他说这段话后，全场愕然，不知这是怎么回事。但其中也有个别学生，笑嘻嘻地好像很知道其中的底细。

冯至一时激动说出那样的话，以后怎么办呢，他没有任何打算。过了几天，他收到朱家骅从武汉拍来的电报，约他到武汉来谈一谈。我真想不到，冯至辞职的消息竟这么快传到朱家骅那里去了。

冯至去武汉后，我整天悬心吊胆，怕他出事。姚平刚两岁，由奶妈照看着，可是我要对她们的安全负责。我顿觉身处孤城，举目无援。常有些学生来看我，有熟悉的，也有生疏的，虽然都和善可亲，可是我不知道他们的来意，是来刺探我的情况呢，还是友善地关怀我。我都要以笑脸相迎，只谈家常，闭口不谈政治。我在人们面前，好像很平静，其实我夜不安眠，食不甘味。我愁一旦失业，不知将流落何方。而且那时武汉、赣州都常常有敌机轰炸。我记得有一次敌机来袭赣州，我带着孩子和奶妈跑到城外坟墓间躲避，敌机当空盘旋，我们三人爬入一个土洞。敌机走后，出来一看，才知道那是一座墓穴，里边的棺材刚被人掘出去不久，我吓得魂不附体。

冯至去武汉大约十来天，他回来对我说，朱家骅无论如何不让他辞职，同时也劝他加入国民党，那时朱是国民党组织部部长。他也觉得若离开同济，的确无路可走，不如暂时答应他，然后再另作打算。因为那时同济大学已酝酿再度迁移，不妨先跟着同济走，将来到一个比较开明的地方，可以另找工作。在赣州像是封闭在一个口袋里，一筹莫展。从此冯至下定了决心，一有机会就离开同济。

我由于过分劳神，身体渐渐不支，感染上严重的阿米巴痢疾。感谢同济的校医唐哲医师尽心医治，给我注射特效药埃米停，注射了三个疗程，病情略有减轻，未见痊愈。但因为埃米停含有一定的毒素，不能继续注射了。我只好卧床静养。忧心如焚，勉强镇定。

10月1日下午，有一位旧日女师的同学来看我，异地相逢，谈得很痛快。她走时，我送到房门前，我说："下次你来，我就能送你到大门口了。"可是我回到床上，感到心口发热，冯至让人到附近商店给我去买水果罐头，买回来，我睡着了，他没有叫我。其实，我不是入睡，而是失却了知觉。从此我不省人事，一连十天十夜，手脚冰凉，牙关紧闭，全身无感觉。只是心还微微地跳动。冯至又把唐哲请来。他也弄不清楚是什么病，只有打强心针急救。那时医疗条件很差，也没有输液输氧等方法，只给我注射一种德国的针水，叫什么我忘记了，不过是苟延性命而已。十天僵卧，不吃不喝，有一天夜里打了三次强心针，我都不知道。冯至坐在我床边，拉着我冰凉的手，日日夜夜守护着我。到9日上午，同院住的理学院院长王葆仁的母亲对冯至说："今晚请两个工友来，住在我们的传达室，夜里好帮帮你们的忙。"冯至说："连奶妈都帮不上我的忙，工友能帮助干什么，不要。"王老太太看他没有听懂她话中的含意，还是请来了两个工友住在门房，以防万一。后来听说，在这以前，她还请人来给我驱鬼，她以为在空袭时，我躲在墓穴里招来了鬼魂，跟我作祟。她像关心子女似的关心我，虽然迷信，我也非常感谢。我这样假死了十天。在第十一天清晨，冯至发现我的手有些活动，他定睛看我，仿佛我的眼也睁开了，看着他，他以为是他的幻觉，因为十天十夜他没有好好睡眠过，精神也恍惚了。他起身向窗口去开窗子，他看见我的眼睛紧紧望着他的行动，窗子开了，又看见有两颗大泪珠落在枕上。他高兴得跳起来，大声喊奶妈说："姚先生哭了，快来。"因为唐哲说过，若是病人一旦能哭或能笑，就显示病情好转，有希望。冯至看见我落了泪，心里感到轻松，让奶奶照看着我，他一人走到院子里散步，舒展舒展，吸点新鲜空气。这时大约是早晨七八点钟的样子。这一夜曹礼吾也没有睡好，他的夫人已回湖南，他给她寄信说，我的病情极为严重，甚至说，我这夜恐怕过不去。信写好，他想在付邮前到我家来看看。谁知一进大门，院中安静如常，冯至在院中悠闲地散步，他脱口说出一句："没死啊？"冯至惊疑地回答："怎么会死？"这个"死"字在他大脑里是第一次出现，他担惊害怕，在我身边守护了十天十夜，却没有想到过死。他把我病有转机的情况告诉曹礼吾，礼吾才原原本本地告诉他，人们把我的病看得多么严重，以及王老太太的种种想法。可是我的神智随着那两颗泪珠渐渐恢复过来。奶奶把姚平带到我的床前，我看着孩子，也似曾相识了。可是我还不能吃东西，冯至每天从餐馆里端两碗燕窝来给我吃。那时燕窝不像现在那样名贵，记得每碗只九角钱。说来说去，我得的到底是什么病，我至今也不清楚。有人说脑子里出了麻疹，又有人说是埃米停中毒，我都姑妄听之而已。

  同济早已起始迁校，预定迁到广西八步（今广西贺州），家属都陆续走了，只剩下几家等着和我们一起走。又过了十几天，我能够下床站立起来。10月下旬的一天，人们把我抬上一只民船，在赣江上顺流而下。冯至写过一篇散文《在赣江上》记载这段行程中的一夜虚惊，文中提到的郭君，名郭惠申，是同济测量系助教，现在武昌地震研究所工作，至今我们还互通音信。我在船上躺了五天，到了航行的终点吉安，我居然能起来下船走路了。原籍德国的德语女教师陈一荻和她女儿陈桂园搀扶着我走到市内。我瘦骨嶙峋，腿腕没有手腕粗，身体在衣服里空空荡荡，双目怕光，戴着黑色眼镜，东张西望。一边是个外国太太，一边是个混血姑娘，三人招摇过市，街上的行人把我们看成是三个奇形怪状的女性。

我们在吉安下了船，乘长途汽车，经莲花县到衡阳。从衡阳改乘火车到桂林。我们住在桂林一座著名山洞（我忘记它的名称了）对面的旅馆里。一路上虽拥挤不堪，我的健康却大有进步，已能跟着大家一起逛山洞，游市容了。约半月后，我们共同乘船畅游漓江、阳朔，到平乐，我和奶奶、姚平暂住在那里，冯至到八步去勘察校址。关于桂林山水、漓江两岸的风光，古往今来不知有多少名家歌咏描绘，我无须锦上添花了。

我在平乐暂住，收到辗转寄来的两封家信，一封是冯至的父亲在病中写的。信中有这样的话："儿等贤孝，父死无遗恨。唯念及小乖乖，仅匝月相处，何缘之浅也。"原信虽已焚烧，这两句话我却牢记心头。另一封信则是冯至三哥通知父亲逝世的噩耗。我读了信后，泣不成声。据说他是中秋节吃螃蟹得了病，我觉得，我未能在他身旁照顾他的饮食，好像是我的罪过似的。冯至对我说，1938年是他最倒霉的一年，暑假里发生那样肮脏的事，秋天我生了一场不明不白的重病。冬天到了，又得到父亲逝世的消息。本想将来抗日战争胜利后，我们回到北平，跟父亲重新聚首，这是永远不可能的事了。倒霉的事一件跟着一件来，现在可以说是达到顶峰。写到这里，我要对冯至的一篇散文略做"纠正"。冯至于1944年在昆明写过一篇《忆平乐》。文章本身没有问题，是一篇优美的散文，但是跟事实略有出入。文章说在漓江上乘船到平乐，立即换乘汽车去柳州。实际是我在平乐住了两个星期。冯至这中间在八步，后因八步频遭敌机轰炸，同济也放弃了八步，改为迁校昆明，冯至从八步回到平乐，我们才准备一起去柳州。另一处他在文章里写"妻的身上穿着棉衣，她想做一件夹衣预备在热的地方穿"。其实我并不是没有夹衣，是想做一件素静的，给父亲戴孝。

我们由平乐经柳州、南宁，出镇南关（现名友谊关），进入越南国境。在河内停留两天，又乘火车经过老街、河口，到了昆明。从吉安到昆明，一路的奔波转折，想起来都有些后怕。多亏奶妈全心全意地照顾姚平，使这两岁半的孩子一直健壮成长。到了昆明，才松了一口气，觉得可以休息休息了。

到了昆明

　　昆明山明水秀，四季如春，居民诚朴和善。我们到达的那天是 1938 年 12 月 21 日。一位同济大学同学吴祥光是昆明人，他非常热心地给我们租好住房，在大东门内报国寺街。到了昆明，我们在思想上、生活上都像是到了家，感到温暖。天气也确实温暖，12 月底看到的少女们穿着花色旗袍，上面罩着一件毛线衣，很轻便地在街上行走。各样蔬菜也如在春夏时节，什么都有。物价便宜，通用的是滇币，滇币一元相当法币一角。我上市场买东西，常常露怯。卖者说一块五，我就拿出一元五角的法币，卖者连忙说："这是十五块了。"他决不多收。在这种情况下我买了不少东西。一次就买五六磅毛线，准备给冯至和姚平织毛衣，买男袜女袜各一打，儿童的袜子由小到大，也买了一打，还有洗脸的毛巾等。我尽兴地买，冯至骂我说，不知道我要干什么。我说，钱真值钱，它诱惑我买这些东西。谁知好景不长，从3月15日起一切改用法币，百货大幅度涨价，紧跟着是不休止的通货膨胀，我们的生活就越过越缩手缩脚了。可是我置办的这些东西，谁料竟使用了我们在昆明居住的七年半之久。后来再没买新的，也买不起。最麻烦的是袜子，破了补，补了又破，补来补去，真是要手艺呢。孩子常穿新样式的毛衣，用的就是那几磅毛线。总是穿旧了就拆洗，拆洗了又翻新。而且昆明不冷，不用棉衣，几件"新"毛衣就这样穿来穿去。

冯至到了昆明，顿然觉得不像过去那样孤单。他从赣州的死胡同里走出来，一到昆明眼前就呈现出一片广阔的天地。他遇见不少熟人，大都是随着西南联大来的，同时他和同济大学和中学的个别教师由一年多的迁徙生活，彼此增强了解，建立了友谊。可是他离开同济的决心并没有改变。主要是学校领导既无能，又狡诈，难与共事，而他自己也烦厌于附中主任的工作，总想找一个只教书不管行政的地方。他到昆明不久，沈从文于1月11日来看他，他向沈表示，不想在同济待下去。沈从文与杨振声同住在昆明北门街，他向杨振声说了冯至的意图，杨立即寄信给乐山武汉大学的陈通伯和朱光潜，介绍冯至到他们那里去教书。18日晚冯至去沈从文处，杨振声已收到陈通伯和朱光潜的复信，表示欢迎。冯至第二天就电告朱光潜，决定去武汉大学，并到航空公司订了2月4日去重庆的飞机票。可是同济的朋友王葆仁、曹礼吾、石声汉（生物学教授）都非常恳切地劝他不要走。他们说，同济的校长翁之龙，学生反对，教师中也有大部分人反对，他早晚会走，同济还是有希望的。西南联大有的朋友也说，还是留在昆明好，方面广，出路多，言外之意是将来可以转到西南联大。冯至听了这些话，去武大的决心动摇了。从1月19日到2月4日，两个多星期，他无时无刻不在何去何从的矛盾里度过，犹豫不决，精神极为苦闷。我也不能给他出什么主意。他的性格温和，很少发脾气，可是这时期竟一反常态，自己跟自己过不去，赌气摔碎茶杯。这苦刑一直到了2月4日，才告结束。在这天他到杨振声处，说不想去武汉了，陈述了一些不去的理由。杨振声雍容大度，并不见怪，还答应冯至替他给陈通伯、朱光潜去信辞却。这中间，他和西南联大的朋友也常常来往，例如3月5日，联大的历史系教授姚从吾和中文系教授魏建功约他泛舟滇池，游西山，自三清阁经太华寺与华亭寺，路上建功就说，冯至不适于搞行政，还是教书做点研究工作好。冯至的四叔冯文潜在联大讲授西方哲学和美学。不久，四婶也带着她的一男二女从天津来到昆明。我们常到他们家里去，享受家族间的温暖。后来姚平也常跟她的姑姑叔叔们一起玩耍。

4月，翁之龙辞职，重庆派来赵士卿接替。大家认为同济在昆明城内借地上课，殊非长久之计，最好在郊区建立校舍。从5月29日到6月2日，冯至陪同赵士卿去勘察校址。冯至的日记里这样记载着：

> 29日，早八时登舟出发赴海口，夜宿交湾（又名凤至村）文庙中。30日，午至观音山，登潮音寺，风景绝佳；晚至海口，宿中滩第五十一厂办公处，即李泗将军庙。31日，勘察可作为校址者五处。6月1日，夜间大雨，早十时始晴，登舟言旋；舟上遇雨，至观音山，风浪甚大，不能前行，宿小学内，董氏家祠也。2日，风未止，浪大，舟不能行，路泥泞不堪，共行约五十里；在高桥买舟，晚七时半至小西门；八时许至家。

他回家，疲乏极了，并没有向我详细叙述行程，我只记得他说了这么一句："乡下卫生太差了，我们午饭时，桌子上落满了苍蝇，用手杖在桌面上一打，竟能打死几个。"

昆明气候温和，居住适宜，病菌也易于繁殖。冯至去海口，我细心地给他带上一幅大被单，叫他睡觉时把被子裹好，以免传染病菌。他走后第二天，我就在报上读到郊外回归热盛行的消息，我想，只要注意卫生，或许不要紧。他回来后，一切如常，我也就放心了。不料到了6月27日，他忽然发烧，三十八度八，可是情况特殊，烧有增无减，人特别痛苦，神智昏迷。我赶快把唐哲医师请来，他看不像普通感冒，立刻抽血化验，结果是回归热，原来回归热病菌在他体内潜伏了三个多星期。他开方让我去买"萨尔瓦三"，我拿着药方到各条街的药房去买，都说没有，最后好容易在一处买到拿回来。唐医师给他注射一针，让他盖上被子，使药发挥作用。等了一会儿，病人出汗了，而且全身大汗，连被子都湿透了。我有些恐惧，拿起药单说明一看，原来是"六〇六"，治梅毒的特效药。并且注明，若病人体质弱，汗出太多，能虚脱致死。我赶快去找唐医生，他来了，说不要紧，要静养。我问他为什么用治梅毒的药治，他说，梅毒菌跟回归热菌体形相同，只是大小悬殊，相同体形的病菌用同一种药治，可以同样见效。他劝我不必怕。冯至出过大汗后，果然安静了，想吃东西，烧也退了，我非常高兴。第二天冯至卧床养病，我到昆华医院研究室去了解这种病菌，因为有同济医学院毕业同学在那里工作，我进出方便。在他们研究室内陈列的图片上果然画有这两种菌并列着，一大一小，形体相同，我又增添了一点医学常识。冯至卧床休息了两个星期，才渐渐康复。写到这里，我要衷心感谢唐哲医师，我和冯至两次重病，都是他给治好的。新中国成立后高等院校调整，同济大学医学院移至武汉，唐哲任该院院长，为医学界做出许多贡献。

在6月2日冯至从海口回来到6月27日回归热发作的这段时期，病菌潜伏在他的体内，他的生活也暗地里起着变化。冯至从海口回来，就见到林如稷的信，说他从成都来到昆明，办理四川的大康公司事务。以后他常常去看如稷，如稷健谈，二人经常谈些当年创办《浅草》《沉钟》时的旧话。6月20日，徐梵澄随着中央美术专科学校到昆明来了，那时滕固是这个学校的校长，拟迁校至云南某处，后未能实现。冯至和他在德国留学时的两个朋友，畅叙旧情，相聚甚欢。这时有一位同济同学来访，名翟立林，他正创办儿童剧团，宣传抗战，演出很有成绩。他来时，冯至不在家，我和他接谈，他向我大谈黑格尔哲学，我很惊讶，他是学土木的，知识怎么这样渊博，兴趣这么广泛。此后我们经常来往。最重要的是23日，西南联大外文系主任叶公超来访，说西南联大的北大方面拟聘冯至为外文系教授，特来和他商洽下学期能担任什么课程，并约他为联大一部分教师组织的《今日评论》写稿。以上种种都隐伏着他后来在昆明如何生活的线索。

冯至病好后，首要的一件事，就是向赵士卿说，拟辞去同济附中的职务。赵说，恐怕无人接替。正巧这时在1930年一度担任女师大教务长、说冯至"厉害"的那个人从德国回来不久，住在昆明，没有工作。有人推荐他可以接替，他名田伯苍。冯至在8月7日收到北大聘书，13日把附中的工作向田伯苍作了交代。他在14日的日记里写着："一身轻快，好朋友都来庆祝。"

昆明,他的第二故乡

贫穷与疾病

冯至喜欢说昆明是他的"第二故乡"。他写文章或谈话，经常怀念抗日战争时期的昆明。那时期，是中国历史发生重大变化、中华民族生死存亡的紧要关头，冯至本人也像是但丁《神曲》开端第一行里所写的"在人生的中途"。我们在昆明的生活，不像国外时那样单纯，也不像在同济时那样单调，而是单纯与单调的反面——丰富多彩。这丰富多彩的形成，正是由于我们虽然贫病交加却做了大量工作，二人相依为命却还有意义深远的友朋交往，社会黑暗却总是渴望光明，用古人的一句话可以说是"穷且益坚，不坠青云之志"。

冯至离开同济大学，他的精神轻松愉快，不是用文字能形容的。大家都认为他从此脱离学校的行政工作和人事纠纷，可以安心教书写作了。其实还有一个更重要的原因，就是他要摆脱与朱家骅的关系。前边我提到过，他去同济是朱家骅推荐的，赣州暑假发生手榴弹事件，他愤而辞职，是朱家骅劝他加入国民党给挽留下来的。那时他也实在无路可走，只好跟着同济迁移。所以他一到昆明，就想另谋出路。这种心情，好友中很少有人体会得到，只有曹礼吾略有察觉，他写过一首绝句赠给冯至，带有开玩笑的性质说到冯至的苦闷，我只记得其中有一句是"强令诗人作党人"。

　　冯至到了西南联大，走入另一个环境，那里文人荟萃，继承北大、清华、南开三校的优良学风，思想自由，各不相扰，只要把书教好，谁也管不了谁。冯至回国已经四年，可以说是首次找到适合于他成长的土壤。但成长不是那么容易的，要不断跟贫穷与疾病做斗争。我们在昆明住了七年半，除去在同济的半年，冯至都在西南联大工作。我先后在不同的几个学校教德语。这七年恶性的通货膨胀使生活指数急剧上升，工资实值急剧下降，这情形所造成的贫穷与应付贫穷的办法冯至在《昆明往事》一文有详细的叙述，我不想多说。我记得冯至曾戏拟冯延巳《鹊踏枝》中词句"百草千花寒食路，香车系在谁家树？"说他的衣着"百孔千疮衣与袜，不知针脚为何下"。这当然是有些言过其实了。我这里着重写一写我们的病。

我自从赣州病后，虽说渐渐复原，但是体力脑力都大不如前。每天早晨起身后头脑昏昏沉沉，不能工作，拿起东西就失手掉落，直到中午才感到清醒，做些脑力劳动。由于营养不足，体温总在三十五度左右。姚平年幼，许多事由奶妈照顾。可是这孩子跟她父亲一样，在昆明缺乏抗菌能力，常受疾病感染。她得过百日咳、猩红热，出过麻疹，至于伤风感冒，更是家常便饭。一般说来，出过麻疹，便有免疫性，不会再患，可是她竟患过三次，一次比一次重。医生告诉我说，麻疹有英国麻疹、德国麻疹、中国麻疹之分，前两种轻，没有免疫性，中国麻疹最厉害，有生命危险，若是治好了，便不会再患了。她三次由轻而重，最后是中国麻疹，真把我吓坏了。她八岁时，1944年春节后不久，联大同学带她出去玩，在火车上被云南当地的士兵打破了头顶，这真是无妄之灾。冯至也是经常与病魔搏斗，回归热，我前边已经说过，后来恶性疟疾、斑疹伤寒、背上疽痈等有名堂的疾病，都连接不断地光顾他，他一关一关地闯过来了。可是他发高烧甚至昏迷不省人事时，那种景象，现在回想起来还有些后怕。他们父女在昆明轮流得过多种传染病，我的日子总是战战兢兢地过着。每逢我走过昆明大西门，我总是本能地不敢向左边看，因为那边有家棺材铺，横放着几口棺材，我偶一瞥见就毛骨悚然。但是我也因之学到些护理常识，如画体温升降表、按脉、查看大小便，等等。

虽然我的两个亲人得过这么多次谈虎色变的病，但病中的时日在我们整个的昆明时期内究竟还是有限的，占有较小的比例。在正常的日子里，冯至的精神是旺盛的，女儿的成长是正常的，我虽然有赣州得病的后遗症，但还能承担起我们这小家庭里大大小小的事务。

报国寺街与怡园巷

我们在昆明的生活，可以分为两个时期。从 1939 年到 1941 年是前期，1942 年到 1946 年是后期，但是不能截然分开。前后两期的划分，好像无形中与战争形势的发展相契合，1941 年 12 月 8 日，日本帝国主义突然袭击珍珠港，美国英国对日宣战，从此开展了太平洋战争，抗日战争进入一个新阶段。

前边提到的冯至那几场重病都是生在前期，到后期他可能是战胜了病魔，增强了抵抗力，就比较平安无事了，虽然也少不了伤风咳嗽一类的小毛病。但无论前期后期，冯至都做了不少工作，我也不曾清闲过。

我们初到昆明时，由吴祥光介绍我们住在大东门内的报国寺街的那一栋房，是上下三间的小楼房，房主人是一位老太太和一对青年夫妇。他们住楼下，我们住楼上，相当清静。

1939年暑假后，空袭警报渐渐多起来，人心略有浮动。8月20日，吴祥光带着我们到东郊金殿山后去参观他父亲经营的一座林场。林场管理处的大院内有两间茅屋，他问我们在空袭紧张时愿不愿意到那里去住。那里环境优美，空气新鲜，我们心里想，纵使没有空袭，我们也愿意到这里来享受享受，我们立即答应了。此后那两间茅屋就成为我们前期生活中一个永远值得纪念的场所。关于它对我们的影响，以及我们在那里的"享受"，冯至在《昆明往事》里有详细的记载，我这里只能提供一些素材，作为补充。

不久，我们的房东为了躲避空袭搬到乡下去了，委托他的一位亲戚照管房子。看这情况，我们觉得报国寺街恐怕不能久居，于是把那栋茅屋作为我们退身之处。冯至在1939年9月的日记里这样写着：

> 6日，上山，心旷神怡。7日，留奶妈与小乖在山上，与可崑步行下山，中途约二小时。
>
> 10日，上山，山上空气新鲜异常。
>
> 12日，此山名杨家山，林场置于廿年前，价银三百两，周围约二三十里……
>
> 17日，上午大雨，下午雨晴上山。

19日，鲍尔夫妇、若渠（滕固）、季海（梵澄）上山来访……

西南联大于10月12日起始上课。以后是不断的"上山""下山"，有时在山上接待友人，看来那茅屋跟我们越来越亲近，报国寺街越来越生疏，它几乎成了我们行李的储存处。12月19日下午，我在山上提炼菜油，被滚烫的油烫伤了双手，生活难以自理，多亏奶奶的无私帮助，使我能在山上好好地养伤。到了1940年1月5日，冯至单身搬到大东口内才盛巷的北大教员宿舍，作为他在联大上课时的住处。3月5日，又把两只箱子送到住在翠湖边上的石声汉家里寄存。石声汉研究生物学，倜傥潇洒，能填词刻印。他和曹礼吾都是湖南人，在我们同济的友人中，堪称衡山双璧。我手伤痊愈后，进城料理事务，采购日常用品，多半是住在朋友家中或四叔四婶那里，成了无业游民。但是我不久就有了"业"。中山大学于1939年下半年迁至云南澄江。冯至北大时的一个同学张嘉谋在那里工作，他想介绍我到中山大学任德文教授，那时我因事未能成行，拖延到1940年3月13日，冯至才陪伴着我到了澄江。我在澄江租了两间向北的住房，请一位保姆做饭照顾生活，过得满舒适。学生虽然都是作为第二外国语选修德语，但学习努力，成绩很好，师生之间感情也融洽。同事中有穆木天，我常到他家与他的夫人彭慧忆旧谈新（彭是女师大的同学，同年，不同班）；结识了胡体乾夫妇，胡是教育学教授，是一位正直的忠厚长者，我们有了过从。那时陈逵先生在中大任英文教授，他是冯至的老师，我非常尊敬他，他学识渊博，豪爽坦荡，嫉恶如仇，助人为乐，有不少学生受他的影响后来参加革命。我独自在澄江，生活颇不寂寞，思想也有进步，但中大计划在暑假后迁回广东，我不能随往，在6月下旬暑假时只好又回到昆明待业。

去澄江前，我和冯至都认为在城里当"游民"不是长久之计。报国寺街不能住了，拟在城里另找住处。3月11日，我参加北京师大女附中在昆校友在大都会饭馆举行的聚餐会，我在会上谈到找房子的事。其中有冯钟芸，是联大中文系高年级学生，说她父亲冯景兰教授即将休假离昆明，房子空了，可以介绍我们租用。我和冯至第二天到冯钟芸家中，说妥租房条件。第三天我就去了澄江，认为没有问题。却没想到她父亲把房子让给她的伯父冯友兰了。这中间发生一段可笑的插曲。

我去澄江时，遇见翟立林，告诉他说，我们将要迁居到某街（街名我忘记了）某号。过了些天，翟立林找到了某街某号，问，这里是冯先生的住处吗？回答说是。是新搬来的吗？回答说是。走出来一位太太，她说："冯先生不在家，他一会儿就回来。他临走时嘱咐我说，有个学生约定要来找他，那学生若是来了，请他等一等。"翟立林于是走进室内，心想，这位太太是谁呢？也许是冯至的姐姐。他问："冯先生是您什么人呢？"回答说："我的先生。"翟立林迷惑不解，抬头一看，墙上挂着一副对联，上款写着"芝生先生……"，他才恍然大悟，立起身来对冯芝生太太说了句抱歉的话，告辞走去了。

后来冯至四婶介绍，说南开校长张伯苓的弟弟张彭春将派往土耳其任公使，房子空了，我们可以接下来租住。地点是小东门附近节孝巷内怡园巷四号。这是我去澄江后由冯至定下来的，我为了搬家还从澄江回来一次，搬家的时间是4月4日。这时期空袭警报不多，大家的心情比较稳定。我在澄江，冯至把奶妈和姚平接下山来住在怡园巷。房东姓周，院内正房厢房都是二层的楼房，我们住在正房楼下的三间，房东住在楼上，在厢房楼下住着一位虔诚的基督教徒名廖作新。他有一个善良的妻子和两个小孩。这位廖君见到冯至，交谈几次，他就立下志愿，要"超度"我们一家人作"上帝的好儿女"。他说，他经常为我们祈祷。我们当然要感谢他的好意，也尊敬他的为人，无奈我们与宗教无缘，他赤诚的心不曾感动我们一丝一毫。

故旧与新知

我们从4月底到9月底住在怡园巷，生活比较平静。这中间我到澄江去了三个月，有时回家看一看。冯至也放弃了他在才盛巷教员宿舍里的住室，于6月1日把存在那里的物件都取回来了。我翻阅他那时的日记，里边有些记载："4月17日下午，至如稷处话别，遇夏康农，谈北平情况。5月5日，夏康农来谈。"这是如稷在昆明工作不容易开展，即将回成都，冯至去给他送行，与夏康农结识，康农任中法大学生物系教授。从此我们和夏康农夫妇经常来往，成为昆明时期的好友。"6月19日，鲍尔乘飞机赴渝。8月22日，晤纳格尔（Nagel），知鲍尔已去北平。"鲍尔自从到赣州以来，在同济附中教德语，也到了云南，我们经常在一起谈论天下大事，以及德语上的一些问题，我从他那里获益不浅。后来他取道香港、上海、北平,经西伯利亚回德国去了。临行时,他把一件夹大衣赠给冯至,还给我们留下十元美金,说是以备不时之需。纳格尔是当时住在昆明的唯一的一个德国人。"8月26日,卞之琳来访。"卞之琳于1940年暑假从四川来昆明,在联大教英国文学,他常来找冯至谈些文艺上的问题。"9月14日,胡体乾、陈逵、穆木天来。20日,请胡、陈、穆在家吃饭。"这时体乾、木天将随同中山大学去广东,陈逵留在云南大学任教。我们住在怡园巷的时期内,梵澄和滕固往来于昆明、晋宁之间,常常来谈。还是在1939年,滕固交给我一本德文书请我翻译,是赫尔曼(Herrmann)写的《楼兰》。赫尔曼曾随同瑞典地理学家斯文·赫定赴新疆考察,挖掘被沙漠埋没的古城楼兰,获得许多珍贵文物,作者根据这些文物描绘当年楼兰的盛况,读起来很有趣味。我利用1939年和1940年的"待业"期间,把这本书译出来了。据滕固说,是黄文弼委托他请人译的。译稿交出后,只得到二百元的译费,并未见出版。冯至在8月26日的日记里有这样一句"楼兰工作结束"。想必是我在那时译完的。同时我还起始翻译卡罗萨(Carossa)的自传《引导与同伴》,写作者一生中遇到的人和事,有的引导他成长,有的陪伴他前进,文字细腻,耐人吟味。9月4日的日记里写着"崑译Carossa稿寄出"。这是上海光华大学张芝联办的一种文学刊物，请叶公超向昆明友人索稿，冯至就从我的译稿中送去一段《医与诗》寄去了。这时杨晦在粤北参加抗战活动，冯至经常和他通信，他的通讯处是"广东曲江风度中路动员书店新军社钟敬文转"。我们在怡园巷送往迎来，无论是故旧或是新交，都把我们的生活点缀得饶有生趣。姚平也不像过去那样，过着"独生女"的孤独生活，有了小朋友和大朋友在一起玩耍，小朋友是廖家的小孩，大朋友是楼上周家的大姐。

但是好景不长。自从战争爆发以来，我经历过不计其数的空袭警报，也听到过一些轰炸和死亡的消息，但很少身临其境，目睹实况。至于给我印象最深，在我们生活里划出一个小小段落的，就要算是这年9月30日那次的轰炸了。那天中午，我们把饭菜摆在桌上，刚要吃午饭，忽然警报来了。人们不知为什么有一种预感，觉得这次非同小可，饭也不顾得吃一口，便匆匆忙忙跑到怡园巷南口对面的节孝巷闻家驷的家中，因为他家院后五华山下有一个防空洞。我们一家，闻家驷、闻一多兄弟一家，还有几家昆明本地人，都躲在洞里。我们什么也没有携带，只带着一个小提箱，里边装着译稿。不久，听着飞机在头顶上盘旋，大家屏息无声，我抱着女儿一动也不动。不知过了多少时刻，忽然落下几颗炸弹，声音那样逼近，好像就在我们身边。这时我不知是死了呢还是活着，也许是生死置之度外了。又过了许久,飞机的声音渐渐远了,有人走到洞口前,看见一颗炸弹正落在洞口前,没有爆炸,这真是万幸。警报解除后,我们走回家中。(冯至在《昆明往事》里这样写着:这是一片慌乱,住房的后院炸出一个深坑,走进屋里,窗上的玻璃破碎,到处都是灰尘,屋里不知从什么地方飞来一块又长又扁的石头。)而且祸不单行,房东一个十几岁的儿子玩弄实弹的手枪,不慎子弹打在自己的身上,随即死去。我们对房东家里遭逢的不幸,深表哀悼。这次轰炸不只在云南省政府所在地五华山附近,后来听说,金碧路、护国路、大小东门都遭到轰炸。并且听说同济大学的一个女生,躲在城门洞里,一时空气稀薄,竟窒息而死。

怡园巷再也不能怡然自乐了。廖作新一家可能在这次空袭前已经迁走,房东周先生料理儿子的丧事后,全家搬到沙沟村,我们又回到杨家山那两间仍然是与世无争的茅屋。

我们又恢复了与1939年下半年相类似的生活。可是情调不同,去年我们把那茅屋不过是当作"别墅",这次它成了我们的"家"了。冯至说,我们和茅屋的关系,1939年是"初恋",1940年是"结婚"。我们比较重要的什物都一件件地搬上山来。滕固和梵澄放弃了艺专迁滇的计划,相继离昆,冯至把一些目前不用而又舍不得丢掉的书装在一只柳条箱里,托梵澄于10月10日乘车带往重庆。那时不知是怎么想的，难道重庆就比昆明安全吗？实际上带往重庆的书后来不知流落何方，而留在昆明的书至今还在我们身边。

联大于10月11日开始上课，为了避免空袭警报的干扰，上课时间排在清晨和夜晚。冯至又开始了上山下山的生活，多半是下午四时左右下山，次日下课约九时左右上山。我较少进城，在茅屋里与其说是居住，不如说是休养。我读书，译卡罗萨的《引导与同伴》。冯至带回来学生的作业，他改正后，有时叫我再看一遍，看有没有什么遗漏或疏忽的地方。白天我们在树林里散步，不由得会想起当年在德国黑林区的漫游；松林在阳光下散发出来香气，我们感到的舒适，也无异于在黑林区时洗过的松汁浴。夜晚在一盏菜油灯下，十分寂静，更使人思想缜密入微，好像影子也在进行无声的对话。冯至写过一首绝句："孤灯暗照双人影，松树频传十里香。此影此香须爱惜，人间万事好思量。"这种情景，若与我们在防空洞时的心情相比，真是判若天地了。

写作生活之一

1939年暑假后，同济附中迁到宜良县南的一个叫作狗街的村镇。狗街这个名称似乎很不雅。云南的农村集市有固定的日期和地点，日期根据天干地支计算，联系生肖，地点在戌日集市，就称为狗街。云南省不仅有狗街，地图上还看到过鼠街、虎街、龙街、马街、羊街、鸡街等等的地名。

附中在狗街，鲍尔也在那里教过一年德语。他走后，德语教师缺乏，曹礼吾建议，邀我去教德语。经过反复商量，我同意了。我在1941年2月2日到了狗街，住在鲍尔住过的房屋，里边还有些他遗留下来的什物。郭惠申和他的同学沈传良在附中教数学，他们两家和我同住在一个院内，他们照顾我非常周到。课余的时间很充裕，我从曹礼吾那里借俄国的、法国的小说来读，精神上得到不少营养。学生一般很热情，学习努力，成绩优良。师生感情融洽，能团结合作。直到现在，过了半个世纪，还有当年的学生来看我，他们已经是离休或退休的干部了。同济大学于1941年春搬到四川南溪县李庄镇（今属四川省宜宾市翠屏区），同济附中不能在狗街久留，暑假后也追随着大学走了。可是还有个别教师留在昆明另找工作，如曹礼吾、郭惠申等。我去年不能跟着中山大学东迁，今年也不能跟着同济附中北上。回顾从1940年暑假至1941年暑假的一年，好像把从1939年暑假至1940年暑假的生活又重复了一遍。

可是冯至并没有像我那样重复，他有了一个新的开端。他在1941年1月1日把行李搬到旧师范学院的教职员宿舍，他的日记写着"夜宿于此，上课方便"。闻家驷进城上课也住在那里。冯至的日程是每周大约有两三次的上山下山，在城内时不外乎是上课和访友，在路上，在茅屋里，有充分的时间则是像前边那首绝句里所说的"人间万事好思量"。

冯至许久没有写新诗了，可是他1941年忽然像是开了闸的湖水，一年内写出二十七首十四行诗。他在《十四行集·序》里这样写着：

1941年我住在昆明附近的一座山里，每星期要进城两次,十五里的路程,走去走回,是很好的散步。一人在山径上、田埂间,总不免要看,要想,看的好像比往日看的格外多,想的也比往日想的格外丰富。那时,我早已不惯于写诗了——从1930年到1940年十年内我写的诗总计也不过十来首——但是有一次,在一个冬天的下午,望着几架银色的飞机在蓝得像结晶体一般的天空里飞翔,想到古人的鹏鸟梦,我就随着脚步的节奏,信口说出一首有韵的诗,回家写在纸上,正巧是一首变体的十四行。这是诗集里的第八首,是最早也是最生涩的一首,因为,我是那样久不曾写诗了。

这里所说的冬天是1941年初,不是年末。关于他的《十四行集》,作者自己和评论者已经说过不少,这里不必多说。我只愿略做解释,里边有几首关于道路的诗,是他一人或我们二人在松林里散步时的收获;第十九首的《别离》是我去狗街后他写给我互相勉励的;关于茅屋内听着外边的狂风暴雨,则是我们共同的体会;第十八首《我们有时度过一个亲密的夜》是回忆过去在旅途中有过的经历;第二十三首《几只初生的小狗》,不少读者读后很喜爱,觉得内容新奇,却是我们的奶妈亲眼看见那个场面,她认为有趣,跑来告诉冯至的。

冯至在写诗以外,于1941年4月20日起始译注《歌德年谱》。梵澄去重庆后，受中央图书馆之托编《图书月刊》，冯至把《歌德年谱》寄给他，由他在《图书月刊》从第一卷第四期（5月31日）按期发表。冯至在《年谱》前撰写一篇短小的序言：

> 1932年3月，予客柏林，适逢歌德逝世百年纪念。当时德国虽丁多事之秋，然各界人士，缅怀往哲之情，未尝稍衰，一时纪念典册，蔚然成观。歌德专家俾德曼（Flodoard von Biedermann）之《歌德年谱》（*Chronik von Goethes Leben*）亦于此时问世。该书取材，渊博而谨严，凡歌德之生活、工作，以及朋友交往、时代变迁，均权其轻重，胪列谱中。歌德享有高年，身历三世，所谓德国之古典时代，实与之相终始。故此编之作，亦一时代精神之纪年也。予疏散山庄，暇时辄移译此书，并不揣谫陋，就歌德之著作、书札、日记、时人记载，与后世学者之研究，略加注释。盖以年谱为经，注释为纬，国人有意于德国文学者，可取作参考之手册焉。慨自流离数载，所藏书籍泰半丧失，行箧残留，实不足当此工作。今仅因陋就简，草草成编，补漏填缺，当俟诸异日。
>
> 三十年（1941）春冯至志于昆明。

这《年谱》，冯至为了节省篇幅，译成文言，注释中引用歌德著作中文句，则用口语译出。但是他的译注到"1807"年，便中断了，在《图书月刊》上发表了十期，未能继续下去。虽然如此，通过这项工作，冯至仔细读了些歌德的著作，对歌德有了进一步的认识，为他后来的歌德研究打下基础。

此外，冯至起始撰写散文式的论文。2月22日写《一个对于时代的批评》，介绍丹麦思想家基尔克郭尔；6月6日，写《新诗蠡测》；9月27日，写《歌德的晚年》。这些文章，他都下过一番功夫。其中第一篇得到过闻一多的称赞，第三篇罗常培说他很欣赏，只有中间的一篇，作者自己认为是一时主观的臆测，不符合实际，所以在《今日评论》发表后，他没有保留下来。

至于冯至的精神状态，从他9月的日记里可以看出。"12日，北风，气候陡寒，身体甚觉舒畅。""13日，天气陡寒以来，工作效率大增。想不到气候对于身体有这样大的影响。"也许他的精神过于旺盛，工作过于勤奋，致使他的身体到了10月来了一个大转弯，走向反面，得了斑疹伤寒，病后抵抗力弱，背上又长了疽痈。斑疹伤寒时，翟立林邀请医生冒雨来到山上医治，疽痈由夏康农介绍云南大学医学院戴教授割除，我们深深感到友情的可贵。联大的课程不能耽搁太久，我一方面看护病人，同时还到联大给冯至代课。

　　冯至病愈后，翟立林为我们在大西门内钱局街敬节堂巷十九号租了两间住室，我们搬到那里去住。空袭警报次数略有减少。从此我们大部分时间住在城里，茅屋又成为"别墅"了。

克服孤寂的心情

1944年1月，国民党反动派发动震惊中外的"皖南事变"，6月22日，德国法西斯向苏联发动侵略战争，12月8日，日本法西斯在太平洋上对美英发动突然袭击，这是国内国外反动势力最猖狂的一年。昆明在白色恐怖气氛的笼罩下，西南联大的进步社团大都停止活动，有不少进步学生离开学校，暂时躲避，校内一片死寂。通货恶性膨胀，教职员过着每况愈下的穷苦生活。1940年，史学家陈寅恪就写出"淮南米价惊心问，中统钱钞入手空"那样的诗句。学校里教学工作，照常进行，教师认真教，学生认真学，可是大后方国民党的政治日趋腐化，社会上投机倒把、贪污贿赂，日益通行无阻，人人都感到气闷。到了日本占领了香港，许多知名人士困在那里，大量物资落在敌人手中，在这紧要关头，孔祥熙的妻子却带领着她豢养的狗飞回重庆。这消息传到昆明，群情激愤，在1942年1月6日，昆明学生爆发了声势浩大的倒孔游行。狗乘飞机不过是导火线，实际上是青年学生耳闻目睹政府的种种腐败现象到了忍无可忍的地步了。由于倒孔游行是自发性的，缺乏切实的组织和领导，事后便自行停息了。虽然如此，这不能不说是昆明学生运动开始的第一步。自1942年以来，学生的社团纷纷成立，壁报也开始活跃，1941年那种沉闷的空气渐渐冲破了。后来有小型周报应运而生，成为昆明人士针砭时弊、自由发表意见的园地。其中出版最早、影响最大的是1942年11月13日创刊的《生活导报》，其次是《春秋导报》，它在1943年5月25日创刊。往后还有《自由论坛》《独立周报》等。此外文聚社从1942年至1945年连续出版文艺刊物《文聚》，里边发表作品的不只是联大的师生，还有国内知名的作家。冯至在他昆明生活的后期是这些刊物的支持者，他为它们写了一些散文和杂文，表达他对社会、对人生的意见。在1944年他还受《生活导报》编辑熊锡元的委托，给这刊物编辑了十几期的《生活文艺》。

不过，这是后话。他在1942年的大部分时间可以说是1941年的继续，他使前期的工作告一结束，并给后期的生活做一个开端。他整理他在去年写的二十七首十四行诗，编成一部诗集，于4月14日寄给桂林友人陈占元。陈占元在桂林创办明日社，已经出版了梁宗岱、卞之琳的诗文和他自己的译作。为了纪念杨家山的生活，他写出散文《一棵老树》和《一个消逝了的山村》。5月17日，我们与翟立林和同济的另一位同学畅游西山，泛舟滇池，谈到凿龙门、建灯塔的故事，后来他据此写出《人的高歌》，文中的T君就是翟立林。8月9日，他从过去写的散文中选出十篇编成一个集子，交给杨振声寄到重庆，由国民图书出版社出版，这就是散文集《山水》的初版。冯至继续译注《歌德年谱》，如前所述在《图书月刊》上发表了十期。我继续翻译卡罗萨的《引导与同伴》，冯至给我校阅，约在五月脱稿，后来由朱自清介绍，于1943年6月17日交给开明书店出版。

冯至从事这些工作时，他的心情是孤寂的，在1942年5月24日至26日他曾回到林场茅屋小住，写过这样几段日记：

战争把世界分割成这么多块彼此不通闻问的地方。两三年来，到过这山上来的朋友们其中已经有一些不能通音讯，而且有的已经死亡。对着和风丽日，尤其是对着风中日光中闪烁着的树叶，使人感到——一人对着一个宇宙。

月夜里，我们望着有加利树，越望越高，看着它在生长,不由得内心里悚惧起来。

看见蜻蜓飞翔,好像过去的青春在这小小的生物身上。这小生物的翅子使人感到虚幻。

他在 27 日下山,日记里这样写着:

下山。竺伯康自四川来,带来一册从学校借来的《罪与罚》。许久不曾看到这本书了,随便读了几段,对于前世纪的伟人肃然起敬。(竺伯康是冯至在同济附中时的学生。)

冯至这种孤寂的心情却从与友人的交往和实际生活中得到克服,渐渐有了变化。

那时李广田已于 1941 年暑假后来昆明西南联大任教,他常和卞之琳来我们家谈文艺界大大小小的问题,相互传阅个人的创作。夏康农是生物学者,却关心国家大事,分析时势精辟入微,而且谈锋锐利,我们常常交谈直到深夜。曹礼吾潇洒幽默,精通古典文学,又知道不少当代文坛的掌故,与他相处很能乐以忘忧。陈逵愤世嫉俗,心直口快,由于他的介绍,我们首次读到《新华日报》,那时该报正登载整顿学风、党风、文风的报道。可是他在这年暑假就离开昆明到湖南大学去了。

那时由于通货膨胀，物价急剧上升，工资实质急剧下降，学校里的教职员的生活极端困苦，有的教授夫人难为无米之炊，对着饭锅落泪。学校发下工资，必须立即去粮店买米。有时在买米的中间，窗口忽然关闭，大家不知是什么缘故，等一会，窗口打开，牌子上标出的价格又涨了许多。有一回在一个上午，竟涨价三次。我们把随身带来的留声机、照相机连同一切零件，以及结婚时法国朋友送我们的礼品都一件一件地卖掉了。我最难忘记的是鲍尔从德国带来、送给姚平的一只大象，能点头迈步，姚平非常喜爱，我们也忍心把它送到旧货店，不料竟能高价出售，换来足供一月伙食的大米。这是因为昆明比较闭塞，外国货就成为"稀世之宝"。我们只有随身带来的书籍，既卖不出钱，也舍不得丢掉。冯至曾有两句诗写当时的情况，"家贫售尽战前物，时困犹存劫后书"。

我在1942年前半年，曾在英语专科学校、中法大学兼课，教德语。1943年8月，我又起始在军医二分校教授德语，工资低廉，只能用以购买一个月所需用的木炭，可是每月发给一担大米和一些盐巴，这样就解决了我们生活上的一个大问题。可是我的身体仍然像我前边所说的那样衰弱，体温由于缺乏营养停留在摄氏三十五度左右。每逢下课回家时，冯至总是站在巷口等候我，或是冲着我回家的路去迎接我，担心我在路上发生什么事故。

　　这中间，我们有一个得力的助手，这是姚平的奶妈齐桂兰。姚平生下来没有几天，我因病没有奶，就请奶妈到我们家里，她担起一半做母亲的责任。她跟我们一起到了吴淞，战争爆发后又跟我们一起到过金华、赣州、桂林、河内，一直到了昆明，分担我们颠沛流离中的苦辣酸甜。她帮助我们，把我们的家看作是自己的家一样。我们每星期只买四两肉（那时是每斤以十六两计算），煸成肉丝，顿顿饭炒菜时放进一点，只供给冯至和姚平吃，她跟我一起"共患难"，我们都成为素食者。到了1943年她不知道战争何时才能结束，思念家乡的丈夫和小孩，想回家去。不得已我们在4月6日给她当时的所谓法币五千元作路费，她找到一个同行的人，结伴去北平。她这一走，就鱼沉雁杳，再也没有通消息。我们于1946年回北平后，到处打听她，也打听不出她的下落。我常说，在抗战时期（作者所指的抗战时期为1937至1945年），奶妈可帮了我们大忙，不知她后来怎样了。我却不知道，她也曾到处寻找我们。不料在今年（1991）初，她的女儿辗转打听出我们的住处，来电话接上了关系。一天她来看我们，我真是惊喜万分。经过将及五十年的别离，彼此都老了。但她仍然是当年那样开朗坦率，她谈起往日我们一起"共患难"的情形，许多事她还记得清清楚楚。有的事我都忘记了，经她一提，我又回想起来。现在我写这篇东西，她无意中给我提供了某些线索。

我拉拉杂杂记下如上的一些人和事，无非是纪念那一段的生活，也纪念常到我们家里来往的几位朋友，因为那几位朋友，除卞之琳、翟立林健在外，都已不在人间了。前文说"冯至这种孤寂的心情却从与友人的交往和实际生活中得到克服，渐渐有了变化"，那么他有什么克服和变化呢？

写作生活之二

冯至散文集《山水》的增订本于 1947 年在上海文化生活出版社出版,他为此写了一篇"后记",其中有这样一段话:

> 自从 1942 年以后,除去这里增添的三篇以外,我就很少写"山水"这类的文字了,当时后方的城市里不合理的事成为常情,合理的事成为例外,眼看着成群的士兵不死于战场,而死于官长的贪污,努力工作者日日与疾病和饥寒战斗,而荒淫无耻者却好像支配了一切。我写作的兴趣也就转移,起始写一些关于眼前种种现实的杂文,在那时成为一时风尚的小型周刊上发表,一篇一篇写下去,直到 1945 年 8 月 10 日才好像告了一个结束。

从《山水》里一类的散文到起始写一些关于现实的杂文，这中间有一个过渡的标志，那就是写于1942年冬至1943年春的中篇小说《伍子胥》。伍子胥的逃亡故事，自古以来就流传不断，诗人吟咏，变文说唱，戏曲表演，曾引起千千万万的读者与听众的惊奇和赞叹。冯至青年时就对伍子胥的故事不胜神往，他多次想从中取材写成一部带有浪漫色彩的散文诗。但是没有写成，等到他当真拿起笔来描绘伍子胥的遭遇时，已是时过境迁，作者的心情也已非昔日了。他在《伍子胥》的"后记"里说："可是伍子胥在我的意象中渐渐脱去了浪漫的衣裳，而成为一个在现实中真实地被磨炼着的人。"他于是在各个章节里"掺了许多琐事，反映出一些现代人的、尤其是近年来中国人的痛苦"。

这篇小说，写到自然界，山川草木，都保持着《山水》中散文的余韵，它们是那样可爱、那样亲切，好像处处都在安慰苦难中的人，给人启示。但是一到城市，接触现实，文章里有些地方就看出是影射着国统区社会中的罪恶和畸形现象，如背信弃义，囤积居奇，特务蠢动，士兵和人民的痛苦以及某些知识分子的丑行。书中主人公在这二者中间，勇于决断，体验生也体验死，多少艰难险境不曾阻挡他的行程，反而助长他更勇敢地前进。

小说先是有个别篇章于1943年在陈占元编的《明日文艺》上发表，后来全文登载在李广田编的《世界文学季刊》（1945年）里。它的单行本在上海文化生活出版社出版后，引起一部分人的注意，有人写出评论，有人写信给作者以鼓励。在文学评论界以外，贺麟在他40年代撰写、最近又重印出版的《五十年来的中国哲学》中也提到这本书。他说："著者的中篇小说《伍子胥》，描写命运的讽刺，精心活用辩证法以分析生活的矛盾和矛盾的统一，实特具哲学的意味和风格。"同时他也说《十四行集》是"一方面格律严整，一方面最富于哲理和沉思的诗歌"。

不错，当时不少人说冯至的创作含有哲理，这与他在德国留学时听过哲学课有关，尤其是雅斯丕斯的课。但是他对于哲学并无研究，他不善于逻辑思维。他常说，在西方有两种哲学家，一种是建设庞大的哲学体系，语言往往抽象而艰深，康德、黑格尔就是这样；另一种是针对现实生活，深思熟虑，发表感想，语言具体而生动，如基尔克郭尔、尼采的著作，读起来津津有味。王国维在《自序二》里说过："哲学之说，大都可爱者不可信，可信者不可爱。"这句话未免有些偏激片面，但冯至对此颇有同感。冯至在昆明大都读他可爱的书，可是与王国维略有不同，他往往从"可爱"里得到"可信"。他读杜甫和鲁迅，读歌德和里尔克，读基尔克郭尔和尼采，他以极大的热情读他们的著作，从中得到启迪，学习怎样做人、怎样作文。他又用他认为"可信"的东西来衡量眼前看到的事物，发现差距，从1943年下半年起始写些针对现实表达个人意见的杂文。这些杂文先后发表在前边提到的几种周刊上，主要是在《生活导报》。

在这些杂文里他提倡工作认真，反对社会上对于事物漠不关心的"差不多"态度，他提倡说实话，反对当局者和报纸上大言不惭的空话，他提倡中国人要正视自己的弱点，反对用"外国也有"以自慰。他以为人与人之间是不断的"问与答"，有问有答，才有生活意义；生活到某一阶段时要求有严肃的决断，迟疑不断是最大的痛苦；继承优良传统必须排除复古主义；事事都要有个界限，而界限随着时代的不同都在变化着。

如果说冯至的作品里有什么"哲理"，那么他在昆明前期诗文中的哲理是从自然界中体会出来的，他在后期杂文中的哲理是从社会现实里观察出来的。至于他之所以有那样的体会和观察的能力，是从他常常阅读的几位诗人和思想家的著作中得来的。

歌德与杜甫

那几位诗人和思想家的著作，冯至不仅阅读，而且进一步研究歌德与杜甫。

冯至从1941年注释《歌德年谱》，说不上是研究，如前所说，只是打下一个研究歌德的基础。后来《年谱》中断了，他阅读歌德的著作并没有中断。他开过一门讲歌德诗的课程，他与我合译歌德的小说《维廉·麦斯特的学习时代》，他精读《浮士德》，参阅有关《浮士德》的著作。他认为悲剧《浮士德》是歌德一生智慧的结晶，是他创作中精华的精华。悲剧《天上序曲》中上帝说："人努力时，总不免错误。"悲剧结束时，天使说："谁永远自强不息地努力，我们就能救他。"这两句话概括了古今中外许多伟大人物的苦难和胜利。至于他诵读歌德的诗、歌德用韵语和散文写的格言、歌德的书信和谈话录,不只是美学上的欣赏,他从中也学到一些做人的道理。

那时西南联大在课外有些学术活动。理工科方面我不知道。文史方面有罗常培发起的"文史学十四讲",贺麟组织的哲学编译会。根据冯至的日记不完全的纪录,在1942年里,7月3日冯文潜讲"美与丑",8月3日冯至讲"德国的文学史研究方法",11月17日朱自清讲"宋诗的思想";由哲学编译会主持的,6月6日希腊哲学家陈康讲"柏拉图的年龄论"。冯至关于《浮士德》研究也做了两次的讲演。1943年1月28日他为"文史学十四讲"讲了《〈浮士德〉里的魔》,1944年9月2日在哲学编译会讲《从〈浮士德〉里"人造人"略论歌德的自然哲学》。此外,德国法西斯覆灭后,他在1945年夏写《歌德与人的教育》在《云南日报》作为"星期论文"发表。这都是他后来论歌德的专著中的组成部分。

冯至青年时喜欢读晚唐诗和宋词,对于杜甫只知道他是伟大的诗人,但好像与他无缘,他"敬而远之"。在战争期间,身受颠沛流离之苦,亲眼看见"丧乱死多门",才感到杜甫诗与他所处的时代和人民血肉相连,休戚与共,越读越感到亲切,再也不"敬而远之",转为"近而敬之"了。钱锺书在《宋诗选注》评论陈简斋的诗,引用陈的诗句"但恨平生意,轻了少陵诗",说明"他经历了兵荒马乱才明白以前对杜甫还领会不深"。冯至也类似这种情况。冯至读杜甫诗，做分类卡片，为了进一步了解杜甫所处的环境，他参阅在昆明能找到的关于唐代历史和地理的资料，因而萌发了给杜甫写传的念头。1945年他在报上发表了两篇文章，一篇《杜甫和我们的时代》，一篇《我想怎样写一部传记》。回到北平后，朱光潜编的《文学杂志》于1947年6月1日复刊，冯至写出《杜甫传》中的个别篇章在那杂志上发表。到了1951年，林元参加《新观察》的编辑工作，在他的督促下，冯至重新整理旧稿，做了大量的补充，发表在那年从1月至6月的《新观察》上。至于印成单行本出版则是在1952年。出版后，受到读者的欢迎，重印了四五次。也有的专家在肯定这本书的同时，提出些意见商榷。这里特别要提到的是夏承焘和顾随给冯至的两封非常恳切的长信，夏承焘的信冯至还保存着，顾随的信被人借去，后来经过十年浩劫，人不见，信也无了。

文艺活动

前边述说冯至的歌德研究和《杜甫传》的写作，越说越远，一直说到1952年《杜甫传》的出版。现在要回转头来谈1943年以后我们在昆明的生活了。写这段生活，我遇到一些困难，因为从1943年9月以后，冯至的日记忽然中断，也许是因为他教课和写作过于繁忙，没有时间写日记吧。冯至在这以前的日记本来就残缺不全，而且是一年两用，但它还是给我提供了不少线索。如今失掉了线索，我只有靠回思苦忆了，此外就是从西南联大的几本纪念册和闻一多、朱自清、卞之琳、李广田等人的年谱里去找些旁证。

冯至的诗集《十四行集》于1942年8月在桂林明日社出版，散文集《山水》于1943年9月在重庆国民图书出版社出版。与此同时，他在昆明小型周刊上不断发表杂文，也在昆明林元主编的《文聚》、桂林陈占元主编的《明日文艺》、重庆叶以群主编的《文阵丛刊》、杨振声与李广田合编的《世界文学季刊》等刊物上发表创作和翻译。他常参加学生的文艺活动，从1944年后，每逢"五四"和鲁迅逝世纪念日，都举行盛大的聚会。联大的文艺团体历史最悠久的是冬青社，可以说是与联大相始终。新诗社1944年4月9日成立，联大文艺社于1945年3月26日成立，这些社团与冯至都有或多或少的联系。

从这简短的记录可以看出，从1943年至1945年，冯至的文艺生活是相当活跃的，因此也结识了一些年轻的朋友。在我的记忆里，有在云南大学任教的王逊，他是我前边提到过的同学王葆廉的侄儿，温文儒雅，研究美术，有鉴赏的能力；有在昆明电台工作的王勉，他曾邀请冯至到电台做专题广播；当时在西南联大任助教的杨周翰和穆旦都到我们家里来过。后来，前者任北京大学教授，在外国文学研究和教学有重要的贡献，后者成为著名的诗人和翻译家。不幸的是，这四人中除王勉外都已先后逝世了。

在学生中间，文聚社的林元，从一开始就是一个出色的刊物编辑和组织家，他出版《文聚》杂志和"文聚丛书"。他经常到我们家里来谈他的出版计划。在他1986年写的《四十年代的一枝文艺之花——记西南联大文聚社的出版物》一文中列举了撰稿人的姓名,同时他说:"发表文章最多的是冯至。"冯至在那上边发表的,有散文、小说、诗歌,还有翻译。林元逐渐从组稿人成为冯至的朋友,后来他编辑上海的《观察》、北京的《新观察》和《文艺研究》,都忘不了向冯至索稿。他于1988年逝世,冯至深感悲伤。冬青社的杜运燮在1940年就邀请过冯至为纪念鲁迅逝世四周年做讲演,后来他参军赴印度,还不断有诗寄来,冯至在《生活文艺》上发表过他从印度寄来的诗。在课堂上听冯至讲授法语的郑敏,常常把她的习作给冯至看,冯至觉得很新颖,从中选出几首寄给桂林的陈占元,她的诗首次在《明日文艺》发表。杜运燮和郑敏都是《九叶集》里的诗人,现在还在继续写他们各自独具风格的诗篇。新诗社的沈季平(闻山)入校较晚,年纪也轻,天真坦率,常到我们家里来玩,有时带着我八岁的女儿去参加新诗社的活动。去春冯至还有一首律诗赠给他:"老年记忆多疏淡,苦乐昆明总未忘。权势欺人激义愤,贫穷伴我启思量。家园久别天涯远,诗社结交情意长。放眼湖山驰幻想,春城四季有花香。"联大文艺社的青年诗人缪弘,应征参军,充当译员,随伞兵部队空降柳州,在向敌人冲锋时不幸牺牲,距日本投降时仅十余日。文艺社同学为这不满二十岁的诗人出了一本

《缪弘遗诗》，冯至写了一篇读后记《新的萌芽》。当年文艺社成员，现任北京师范学院教授的王景山保存着冯至的那篇短文，他在《关于〈缪弘遗诗〉》一文中记载着校友萧荻在读到《新的萌芽》后，曾对他说：

> 这也是研究联大校史的一份珍贵资料。它说明我们老一辈的教授和著名诗人，不仅在课堂里对我们谆谆教诲；对我们这些初入文学之门的后生，也是那么热情辅导和奖掖。当年的联大同学中，很有些在文艺创作上有一定成就的作家，我们不能忘却老师们对我们的影响和帮助。

这段话语重心长，可以想见联大师生当年亲密无间的情况。

我记不清是在1943年冬呢，还是1944年春，杨振声建议，彼此熟识的朋友每星期聚会一次，互通声息。也许是由于地点适中吧，选定敬节堂巷的我们的家。那时我们早已从翟立林为我们租的那两间房迁入房东另一个院子的北房三间。房屋陈旧，但比较宽敞。于是每星期在一个规定的晚间，大家聚会在一起，漫谈文艺问题以及一些掌故。每次来参加这聚会的有杨振声、闻一多、闻家驷、朱自清、沈从文、孙毓棠、卞之琳、李广田等人。那时闻一多、卞之琳正协助英籍教授白英（R. Payne）编译《当代中国诗选》，他们有时用我们的打字机誊录译稿。我不记得这聚会举行了多少次便结束了。只记得后来徐梵澄来昆明住在我们家中，他曾向冯至说："在重庆听说你们这里文采风流，颇有一时之盛啊。"

冯姚平入小学以后

我们的女儿冯姚平于1942年12月22日考入联大附属小学二年级，那时她刚好六岁零六个月。她学习专心，守纪律，老师们都喜欢她。我总是敦促她考试或讲演比赛争取第一，这给孩子造成精神的负担。冯至常劝阻我，他说："总是叫孩子拔尖儿，将来难以为继，这对她没有好处。"他认为孩子的健康要紧，考第一并没有什么了不起，他说："历代最有成就的思想家、文学家没有一个是状元出身的。"在对待孩子的教育上，我们之间存在着分歧。不仅如此，我们的处世态度也有所不同。我是争强好胜，说得严重一点是有虚荣心。冯至则主张"知其雄，守其雌""不敢为天下先"，他常说："要承认山外有山，水外有水，能人背后有能人。"

当我对于女儿样样都要出人头地的希望正旺盛时，我受到一次严重的打击。那是1944年春节后不久,几个联大的同学带她到呈贡去玩,归途在火车上,大家高唱救亡歌曲,几个云南士兵看他们这样快乐不顺眼,发生了争执,竟动起武来,一棍子正打在当时被一位同学抱着的姚平的头上,流血不止。同学们着了急,下车后赶快把她送到昆华医院。医生在她头上缝上了五针,她不动声色,也没哭,医生、护士都夸奖她。我听到这消息,好像晴天霹雳,吓坏了,急忙跑去医院,一路上我都不知道是怎么走到的。我握住她的手哭了,她看我哭,也落下几滴眼泪。医院的人都说,这孩子真坚强,有出息。相形之下,我这争强好胜的妈妈倒不大有出息了。她的头被打,脑部受伤,拆线后还要长期静养。她精神不振,睡眠特多,每晚七时就上床睡觉。因此有一个相当长的时间请假,不能上学。后来渐渐康复,已经快到暑假了。学校因为她平时成绩优良,没有因为病假过长而留级。我也就不能督促她争取考第一了。孩子经过了一番灾难,我好像受到一次"惩罚"。

冯姚平头部被打的事传出去后,冯至收到过一封未署名的信,信里说,他听某某先生讲演时,知道了这件不幸的事,感到义愤。他问冯至:"你常常在报纸上作文章谈些社会现象,而自己遇见这种不合理的事竟保持缄默,为什么就忍下去?"

后来冯至写过一篇文章《答某君》，发表在 1944 年 5 月内一期的《生活导报》上，里边有这样的话："在这时代里，大至于民族，小至于日常的身边，使人有口难言的事太多了。""把自己的不幸写成文章，无非是泄泄愤，诉诉苦，这有什么用呢？泄愤使人觉得可笑，诉苦使人觉得可怜。使人觉得可笑或可怜是我在任何情形下也不肯做的事。"

姚平恢复健康后，记忆力可能受了些影响，可是智力发展很快。那时联大师范学院的一位教授办了一个儿童刊物《中国儿童》，她写过笑话和儿童诗投稿，发表后还得到能买些许糖果的稿费。她和闻一多的小女儿闻惠羽年龄相仿，她们俩常跟着大人去参加学生社团的活动，很多次听新诗社社员们朗诵。约在 1944 年下半年，徐梵澄来昆明，在我们家住了几个月。梵澄擅长书法，写得一笔好字，我认为机不可失，求徐叔叔指导她练写大字，我故态复萌，希望她将来成为书法家。我为她定出习字的时间，严格要求。殊不知，她只是勉强服从，我要求越严格，她越反感。我不懂得儿童有逆反心理。

自从日本侵略者偷袭珍珠港，美国宣战以来，美国空军飞虎队驻在昆明，美国的飞行人员和地勤人员日益增多，他们剩余的食品、日用品通过商贩大量流入市场。昆明东城内某处的场地上麋集许多货摊，好像现在北京的农贸市场。1944 年后，我们家里的经济情况略有好转，我在军医学院教书，有大米配给，冯至随时都得些稿费，我们有了能力到那个"市场"上买些美国兵用剩下的食品和用品了，其中最实惠是大筒的黄油。昆明的橘子我也敢于问津了。早餐烤馒头片抹黄油，饭后吃橘子，我的体温也渐渐升上来到了摄氏三十六度。

那时出入我们家门的有比我们年长的，有与我们同年的，有比我们年轻十几岁的，人来人往，却也相当热闹。

我们在杨家山上的那两间茅屋呢？显得有些冷清了。但我们并没有把它忘记，不仅每隔一些时候，便到那里去看看，还提供给朋友使用。冯至1942年的日记里记载着："9月8日翟立林上山养病。"1943年9月初冯至曾陪送卞之琳上山，卞之琳在茅屋里独自住了两个星期，完成他长篇《山山水水》的全部初稿，脱稿时正是明月当空的中秋节。我查一查《一百年日历表》，那天是阳历9月14日。我还把母亲逝世时遗留给我的、在多么穷困时也不忍变卖的一点首饰装存在那里，认为那里安全。想不到认为安全的地方往往最不安全。1938年离开赣州时，冯至把一部分他所爱惜的书寄给长沙徐梵澄，请他代为保存，不料在长沙大火中化为灰烬；1941年昆明遭受轰炸，如前所述，我们把一箱书托梵澄带到重庆，后来这箱书下落不明；更想不到我放在茅屋里的首饰，有人在某月某日偷偷地撬开门锁都给偷走了。与此相反，留在城里的什物，随时都有遭受轰炸的危险，却安然无恙，其中有一部分历尽沧桑，至今还忠实地留在我们身边。

冯姚明的诞生

1945年5月8日，法西斯德国无条件投降，第二次世界大战的欧洲部分从此结束。在这以前，美军于2月在具有战略意义的硫磺列岛登陆，扭转了太平洋战争的形势。我们在昆明的生活，一如往日，与朋友们交谈时，都会提到抗日战争将取得胜利。至于胜利怎么来，胜利后又该怎么样，也做过种种样样的设想。可是没有想到8月8日苏联这么快对日宣战，更没有想到日本在8月10日就发出乞降照会，在8月15日正式宣布接受中英美于7月26日发出的《波茨坦公告》，跟它的西方伙伴一样无条件投降。

那是8月10日晚8时左右，邻舍传来从广播听到的日本投降的消息。这消息好像期待已久，却又突如其来。我们一家三口，欢喜异常，我们的女儿已经躺在床上，腿脚把床板踢打得砰砰作响。那天外边下着小雨,冯至打着一把雨伞出去打听详情,回来后写了一篇散文《8月10日灯下所记》。第二天大家见面,都拱手称庆。但在称庆的同时,人们心里都隐隐地有一种忧虑。当年杜甫在西蜀梓州,听说官军收河南河北,写出"剑外忽传收蓟北"那样欢喜欲狂的绝唱。我们抗战八年,人民蒙受的灾难,个人身受的痛苦,远远超过唐代的天宝之乱,如今取得胜利,可是我们在一阵狂喜之后,立刻又消沉下来,我既不能"却看夫女愁何在",更不知怎样才能"青春作伴好还乡"。因为那时蒋介石立即通电命令所有的地下军和伪军"负责维持地方治安",不许解放区抗日军队向敌伪"擅自行动"。同时国民党报纸上大肆宣扬"大国民风度",所谓大国民风度,不外乎是对敌人要宽容,不念旧恶。那时我们还认识不到像毛泽东同志《蒋介石在挑动内战》一文中所说的"国民党反动派把敌伪看得比同胞还可亲些,把同胞看得比敌伪还可恨些"。我们只认为,打了这么多年的仗,全民族付出重大的牺牲,如今胜利到来,"民亦劳止,汔可小康",应该团结一致,努力建设,过小康生活了。不料事与愿违,蒋介石磨刀霍霍,仰仗着美帝国主义的支持,一心一意要发动内战,随时都准备着向解放区进攻。并且有那么一种人,巴不得第三次世界大战立即爆发,梦想美国战胜苏联,扬言"请看今日之域中，竟是谁家之天下"。

冯至的心情是相当沉重的，这时他写的杂文多半是围绕着两个问题：一是千万不要有内战；二是对敌伪绝对不能宽容。但事实上形势的发展与他所希望的完全相违背。国统区内处处镇压反内战的民主运动，在昆明发生了震惊中外的"一二·一"惨案。惨案发生后，冯至一日早晨醒来，写出呈献给死难烈士灵前的《招魂》。冯至写诗一般都字斟句酌，只有这首诗是他脱口而出，一气呵成，没有经过任何修改的。

在这样的情况下，不知什么时候才能还乡，在昆明还要安心住下去。大约在1945年底或1946年初，我们从敬节堂巷迁至大西门外的励新二村。励新二村是在战时给译员训练班建造起来的，胜利后交给西南联大使用。一栋栋的小茅草房，相当幽静。可能是地区比较僻远吧，敬节堂巷时交往的朋友不常到我们家里来了。可是我们有了新的邻居。住在我们对门的是物理系教授王竹溪。王竹溪博古通今，文理兼长，他不仅在教学中培养出后来在国际上享有盛誉的物理学者，对于汉文字学也有深入的研究，创造性地编纂新部首大字典。1946年西南联大学生出版社出版的《联大八年》里有这样一段话介绍王竹溪：

王先生是教授群中最虚心而又兴趣宽广的一位。譬如三十三年（1944）姜立夫先生开高等几何一课时，王先生几乎每堂必到，很注意地细心谛听；而且还勇于发问，很有西洋人的作风。此外王先生对于中国文字很有兴趣，为了中国辞书的部首太多，翻阅不便，王先生正在编订一部部首非常简单的字典。去年时见他在唐兰先生的说文解字课上旁听，大概就是为了这个罢。

在迁入励新二村以前，冯至并不知道有王竹溪其人，迁入励新二村不久，我们遇到这么一个谦虚而又博学的邻居，便经常来往。王竹溪向冯至常谈他编纂新部首字典的设想和计划。冯至对于王竹溪的钦佩与日俱增。他向我说过："王竹溪的物理学研究我一窍不通，他的文字学造诣我也望尘莫及，与之相比，我的知识太浅陋了。"王竹溪的夫人和蔼可亲，持家勤俭，我从她那里学了不少居家过日子的道理，如何精打细算，量入为出。励新二村接近田野，空气新鲜，四周寂静，我们两家和睦相处，也饶有生趣。1946年旧历除夕那一天，我们打扫房屋，王竹溪过来给我们帮忙，他替我们安装电灯泡，我递给他一条抹布，一扭身子，用力过猛，我怀孕八个月的胎儿在我腹内蠢动了。

我在 1936 年生女儿冯姚平时，得了一场重病，几乎丧命，从此我就不想再生小孩。我可以说是一个"计划生育"的先行者，不过我的"计划生育"，不是为了人口问题，而是惜命怕死。1944 年后，我身体渐渐恢复健康，在敬节堂巷跟房东家的太太们闲谈，都说，我只有一个女儿，怪孤单的，怎么不再生一个儿子呢。我说，害怕。她们说，有什么可怕的呢，瓜熟蒂落是自然的道理。她们的话把我说动，于是我再不"计划生育"了。

但是我在怀孕时期，还是忧心忡忡，唯恐将来难产。夏康农的夫人杨大姐给我介绍一位妇产科名医施大夫诊察。施大夫是杨大姐在上海时学医的同学，二人很要好。施大夫诊察后，说是一切正常。我想，将来由施大夫接生，可以安然无事了。想不到日本投降后，施大夫准备回上海，宣布停诊。而我怀着的胎儿在怀里蠢动，又要提前"问世"。一时慌乱，夏康农介绍我到云南大学附属医院。医院里的妇科主任杜棻教授是冯至的同乡，他们过去并不认识。杜棻检查后说，产期可能在第二天。可是在那天清晨，婴儿便降生了。杜棻赶来接生，正在洗手时，他的助手何大夫就把婴儿接出来了。而且一切顺利，时间是旧历正月初一，阳历二月二日。

当我知道生下来的是一个女孩时，我思想里有过一瞬间的惆怅，心里想，若是个男孩，我有一男一女不更好吗？冯至则处之泰然，他看见我们母女顺利平安，很高兴，他从来没有过我那样的"惆怅"。姐姐生在北平，叫作冯姚平，那么妹妹生在昆明，我们不假思索，就给她起个名字，叫冯姚明。平明两个字既协韵，联成一个词组，又有天亮的涵义，这不意味着我们度过"风雨如晦"的岁月，将享受光明吗？

我住在云大附属医院里，杨大姐总给我煮鸡汤送来，医院里的伙食，多半被冯至和冯姚平分享了。产房里没有其他的产妇，我们一家清清净净地在医院里庆祝了春节。

我在医院里住了相当长的一段时间，回家后，我们一家从三口人变成四口，生活自然也有了变化。我亲自哺育婴儿，费尽心思，使她养成良好的习惯，我从中也得到不少的快乐。我常常想，我们的大女儿生在战争爆发的一年以前，小女儿生在战争胜利将及半年之后，她们姊妹二人对于我们的战时生活好像一个是序曲，一个是和乐的尾声。

重庆羁旅

西南联合大学于1946年5月4日宣告结束，完成了它光荣的历史任务。联大师生纷纷作回归的打算，有的接洽汽车，有的奔走飞机。我在女师大时的一个同学，她的丈夫是昆明空军里的一个负责人，由于她的介绍，我们一家人得以于6月初乘军用飞机飞往重庆。飞机上携带行李，重量限制很严。我们行前，把衣物装在两只皮箱里，交给联大留守处，说是将来如可能请代运到北平。家具赠给暂时留在昆明熟人。随身带的译稿如《维廉·麦斯特的学习时代》、席勒的《审美教育书简》等，都把空白的纸边一页页地剪下来。天气很暖，我们也穿上大衣，大衣口袋里还掖进几本袖珍书。以上种种，都为的是不要占行李的分量。

临行前，终日为了许多琐事操心，除了跟几个朋友分手告别外，没有想到其他的事。可是坐在飞机里一起飞，对于昆明就有些留恋难舍了。昆明，这座美丽的城，我们在这里一住就住了七年半，有多少可以怀念的地方，有多少可以怀念的人，有多少可以怀念的事啊！难道一甩袖子就这么走了吗？什么时候能够再见？想到这里，我的眼圈发红了。我再看看我的小姚明，你生下来刚满4个月，你还不知道昆明是什么样子，你什么时候能够回来认一认你的"故乡"呢？

我们到了重庆，住在曾家岩附近的一个临时招待所里，这是专门为西南联大教职员路过重庆时居住的，可是我们一住就住了四十多天。原因是没有去北平的交通工具，飞机都用作运载军队到华北，准备内战。而且重庆的气候不是热得我浑身出痱子，就是下起雨来，室内成河。最严重的时候，要把凳子摆开，人蹬着凳子走来走去。想不到这里却是人才济济，大家不期而遇。其中有梁思成、林徽因夫妇，有化学系教授黄子卿，有历史系教授姚从吾，有数学系教授江泽涵一家等。黄子卿也写旧诗，他听朱自清说，冯至的十四行诗写得很好，他常常找冯至闲谈。那时何其芳任《新华日报》副社长，沙汀在重庆写作。冯至与其芳、沙汀素不相识，但彼此闻名已久，所以一见如故。其芳常来约冯至一块儿出去散步。我因为照料孩子，很少外出，只有一次是其芳请我们一家在一个饭馆里吃过一次晚饭。杨晦在中央大学教书，冯至曾到沙坪坝去看他。二人自从赣州一别，转瞬八年，此地重逢，彼此有说不完的话。冯至从沙坪坝归来，已是夜晚，他在嘉陵江畔，望这山城的万家灯火。他到家时对我说："美极了。"

我们等待归期，一天比一天焦急，忽然报纸上一再传来昆明骇人听闻的消息。继7月11日李公朴遇刺后，15日闻一多又被特务杀害。冯至感到极大的激愤，他接受记者访问，在重庆各界追悼李、闻烈士大会的发起人名单上签名。可是大会于7月下旬开会时，我们已得到机会乘飞机回北平了。

我们坐的是军用小飞机，二十几个人坐在两边靠机窗的长凳上，江泽涵一家坐在我们的对面。飞机颠簸得很厉害，除了我和姚平外，全机的乘客都呕吐不止。姚明在一个柳条包的盖子里，被放在两条长凳的中间，睡得很稳。姚平走来走去，给大家服务。飞机中途在郑州降落加油，大家下来在机场上走一走，呼吸新鲜空气，觉得舒适多了。可是飞机继续起飞后，又是呕吐，一直呕吐到北平的南苑机场。我们下了飞机，北京大学有人派车来接，我们走进车内，大家不约而同地说了一句："到底是到了。"

回到北平

旧地重温

冯至在北京大学读书时，从1925年下半年到1927年暑假毕业，住在叫作"东斋"的学生宿舍。这宿舍临近北大红楼，是六七排自西向东并列的平房，每排房隔成许多小房间，每间住二人，那时他与陈炜谟同住。在迁入东斋前，他租住在学校附近中老胡同的一个公寓里，公寓斜对门是一家阔绰的深宅大院，据说是光绪皇帝珍妃的娘家。

回到北平，冯至想不到是旧地重温。北大的校车把我们送到往日的东斋门前，说是教授住的宿舍还没有修整好，暂时在这里住一住。几排平房，依然如旧，可是内部有的房间打通了，每三间可住一家。我们在那里大约住了两个月，后来教授住的一座宿舍装修好了，我们便搬到那里去。冯至又是一个想不到，宿舍就是坐落在中老胡同的那所深宅大院，门牌三十三号。冯至笑着对我说:"二十年前住过的地方,一是东斋,一是中老胡同,如今又在这里出出进进,这真是前度刘郎今又来啊。"经过八年沦陷,这带地方的外貌没有什么改变,只是显得更衰败了一些。四围的居民也给人一种落寞之感。他们大半是身受八年敌伪的压迫凌辱,好容易盼到日本投降了,又看到国民党接收大员们的巧取豪夺,觉得人世间不过是那么一回事罢了。

但我们究竟是回到了北平,内心里还是兴奋的。我们一同去看望我们两家的亲人,我的二姐,他的三哥。他们的生活都很困难,过着清苦拮据的日子。见了面,当然高兴。总不免要谈些过去艰难的经历,可是眼前呢!好像也望不见什么前途。说来说去,无论如何日本鬼子是赶走了,大家又能见面了,总算是值得欣幸的。

看望亲人的同时,冯至惦记着他留在北平的几箱书。冯至带出去的书,有长沙大火烧毁的,有寄存重庆失落的,所余无几。他大部分珍贵的书还是在北平,这些书不知怎样了。三嫂告诉我们说,北平沦陷后不久,一天有日本人到家里来检查,看见我们家大书柜里有那么多的书,不知这家人是干什么的,他们从中抽出几本书去送审,过了几天又送回来了。据说拿走的是《歌德全集》里的几本。后来父亲逝世,兄嫂迁居，一来房屋狭窄，二来怕惹事，他们把书装入几只大木箱，放在院内堆煤的小屋子里，用煤盖住，隐藏起来，以免惹事。我心里想，书箱在煤堆里放了六七年，不定变成什么样子了。我们提心吊胆从煤堆里把箱子扒出来，雇了一辆排子车拉到宿舍，打开箱子一看，一本本的书不但完好无缺，四十卷的《歌德全集》书脊上的金字好像格外亮堂。这真是喜出望外！原来煤能解潮保干，它保护这几箱书，既免于日本人的干扰，又不受小屋内湿气的侵袭，我对于那堆无言无语的"乌金墨玉"衷心感谢。后来由感谢变成喜爱。例如现在我们宿舍的后院堆着一大堆煤，别人都讨厌它，说是脏，我却看着它很高兴，它冬天为我们取暖，夏天给我们解潮。

中老胡同的宿舍，可容二十来家。我们分得几间共七十五平方米的住室兼书房。我想，这里可以长久住下去了，于是起始布置我们的家。我们把去吴淞同济大学以前在北平定做的三个大书柜从三哥家里搬来，把书一排排地摆好，再挂上浮雕《奥尔弗斯（Orphens）与他的亡妻爱吕留克（Eurydike）》和《爱神的产生》的照片，也颇能使四壁生辉。我们在地安门外旧货店里买来便宜的硬木桌椅，冯至常逛小摊，从那里挑选些半实用、半赏玩的瓶瓶罐罐，其中不少是日本人撤退时变卖给小商贩的。这样一来，我们的家便初具规模，再想一想抗战时期颠沛流离的情景，确实是不堪回首。

中老胡同宿舍里住的教授中，与我们熟识的贺麟、闻家驷、沈从文都是西南联大的同事，朱光潜是从武汉大学来的，陈占元是从广东来的。其中有的我们后来成为通家之好。杨振声住在南锣鼓巷，常到中老胡同来闲谈。卞之琳那时在天津南开大学任教，他到北平来有时住在我们家里。我们和他们的交往，暂且不说，我要先谈一谈冯至的一位老朋友顾随。

冯至20年代在北平的好友大都星散了，杨晦在上海，陈翔鹤、陈炜谟、林如稷在四川；昆明时期的友人如夏康农、陈逵、曹礼吾、翟立林也都在上海。我们到北平后，冯至唯一可以相与话旧的老友是顾随。顾随字羡季，河北省清河县人，生于1897年，比冯至大八岁。冯至考入北京大学时，他已在北大英文系毕业。他毕业后在山东、天津等地教书，由于他的同事、冯至的同乡卢伯屏的介绍，他们从1923年互相通信，成为好友。顾随曾于1924年邀冯至去青岛度假，他们二人遨游于青山碧海之间，写出不少的诗篇。顾随多才多艺，写诗、填词、度曲，无不精通，又写得一笔好字。北京沦陷时期，他在辅仁大学教书，贫病交加，度过八年忍辱含垢的岁月。二人重逢，快慰生平。冯至把桂林出版的《十四行集》送给他，他读后，写了一副对联相赠，上联是"风尘㶞洞三千里"，下联是"灿烂新诗十四行"。这里"风尘颃洞"与"灿烂新诗"交叉对仗，也许是对联中有这么一格吧。可惜这副对联在十年浩劫中跟家藏的其他艺术品一起，被毁掉了。

顾随常到我们家里来，他住在什刹海附近，冯至也去看他。二人见面没有别的，就是谈诗。他每逢写出诗来，都抄给我们看。1947年9月23日，他有四首五律赠给我们，诗前有这样一段序：

> 秋阴不散，霖雨间作。一日午后，往访可崟、君培伉俪于沙滩寓所。坐至黄昏，复蒙留饭。纵谈入夜，冒雨归来，感念实多。年来数数晤对，留饭亦不可胜计，而此次别来已一星期，仍未能去心。自亦不能解其何因。今日小斋坐雨，乃纪之以诗。共短句四韵四章，即呈可崟与君培，私意固非仅识一时之鸿爪而已。谅两君亦同此感。

从这序里可想见我们交往的情况。我们多次会晤，总是谈到夜深，正如那四首诗里有这样的句子："不忍相辞去，秋宵已二更。"

家庭生活

再回来谈谈我们的家。冯姚平回到北平后,从1946年暑假到1947年暑假在孔德学校读了一年小学,随后考入师大女子附属中学。冯姚明在我的哺育下健康成长。1947年春节是我们回北平后过的第一个春节,也是姚明的旧历生日,我们说,这个春节可要好好过一过。我把室内打扫得干干净净,吊灯上加上彩纸的灯罩,冯至到隆福寺街买了一盆状元红。除夕晚上家家都快乐,有的打扑克,有的听音乐。可是我们一向乖乖的小姚明,这天晚上偏不乖,总要叫人抱着,她也许是预感到第二天是她的生日,要求人们对她要特殊对待吧。晚饭后,我去师大联欢,冯至抱着她在屋内走来走去,口口声声地说:"人家过年打纸牌,我家过年抱小孩。"不知他是怨还是乐。春节那一天,冯至上午出去拜年,下午带着姚平去逛厂甸,让她开开眼界，看一看厂甸的热闹劲儿。不料下午刮起大风，气候转冷，姚平只穿一件薄棉袄，同行人中有一位看她冻得很可怜，说了一句："怎么没有穿大衣呢？"他哪里知道，抗战时期在昆明长大的孩子从来不知什么是大衣。

姚明满一岁后，断了奶，也长了出息，她能出出溜溜地满地走了，这就需要有人多多看管。我在师范大学教书，常常不在家，不能全力照顾她。不记得是谁介绍的了，我请来一个"老师"。据说这"老师"年轻时学过幼儿师范，在某某名流的家里带过小孩。我把她请到家里来，向她讲好，她白天看管孩子，夜里孩子跟着我睡。不料这个"老师"确实有"办法"。白天她让姚明尽是睡觉，她独自躺在床上看小说。孩子白天睡够了，夜里便哭闹，搅得我不能安眠，先是我以为孩子有病，后来才知道个中底细。我只好把这个幼儿师范毕业的"专家"辞退。好在宿舍离学校很近，冯至有较多的时间在家工作，我把我上课的钟点也略做调整，我们可以轮流在家里看孩子。不久我找到了一个善良的保姆，她也能腾出一点时间照料孩子，我就更放心了。

我们房前有一片空地。我以极大的兴趣在那上边种植番茄、落花生等，长得很茂盛，收获也相当丰富。隔壁政治系教授吴之椿是养花能手。我粗枝大叶地经营菜圃，他精心细致地培育小花园，两相对衬，却也别饶风味。他的儿子吴小椿在昆明联大附小时就跟姚平同班同学，还共用一个课桌。到了北平，又成为近邻。

写作生活之三

1946年下半年,大批的学人回北平。北平和天津有些报纸开辟文艺性的副刊,每星期一次。据我所知,《经世日报》请杨振声编《文艺》,《新生报》请朱自清编《语言与文学》,天津的《大公报》请沈从文编《星期文艺》,沈从文还给《益世报》编过一种,叫作《文学周刊》。这几位编者都是冯至的熟人,经常向他要稿子,冯至一时应付不过来,就从昆明时写的散文、杂文中选出一些重新发表。人们认为,大后方的刊物北平的读者没有见到过,再发表一次也未尝不可。不过,这都是权宜之计。冯至的精力除教学外都用在歌德研究和《杜甫传》的准备工作上边。冯至想怎样写《杜甫传》,在昆明已略有轮廓,却总觉得资料不够,难以下笔。到了北平,北大图书馆有丰富的藏书,琉璃厂、隆福寺街的旧书店可以任人浏览选购。他不仅置办了几部版本不同的杜集，也买来或借来大量的参考书籍，新旧唐书当然不在话下。在他的书桌上，我常看见过关于地理方面的有《长安志》《元和郡县志》以及《奉节县志》，关于政治制度的有《唐六典》《唐会要》以及王国维、陈寅恪等人的著作。为了考核杜甫的家世，他买一部《元和姓纂》，此外如《唐文粹》《唐语林》《唐摭言》一类的书，他也常常翻阅。他画地图设想杜甫的行踪，也研究唐代的政治和社会情况。自认对以上种种有了一些理解后，才敢于起始写《杜甫传》，因为杜甫是政治性很强又关心民间疾苦的诗人。他最先写的是"杜甫在长安"，在1947年6月1日《文学杂志》二卷一期发表，此后他接连写了几章，大都是登载在这个杂志上。到了1948年11月，《文学杂志》出到最后的一期三卷六期停刊，《杜甫传》并没有写完。

《文学杂志》是朱光潜主编、商务印书馆出版的。在这以前，冯至与朱光潜并不熟识。冯至1935年在北平时，到朱光潜家里参加过两次读诗会。1937年朱光潜筹办《文学杂志》向冯至征稿，冯至首寄去几首诗发表于杂志第一卷第一期。1939年冯至为了想去乐山武汉大学教书，给朱光潜去过电报，此外并没有什么交往。如今同住中老胡同宿舍，很快就成为朋友。我和他的夫人奚今吾也时有往来。1987年，邹士方、王德胜二人合著过一本《朱光潜宗白华论》，书的"附录"里有一篇《冯至谈朱光潜》，其中有这样一段话：

> 冯先生说："朱先生不大谈论别人，也很少讲他自己。解放前他的思想比较右倾，那时我对他有些意见，谈话时对他有所暗示，但我认为我们彼此的意见不能相强，这并不影响我们的交往。一个人的思想和行动是受世界观支配的，但这是一个复杂的问题。有的人思想虽然右，但在做学问和道德修养方面只要态度是严肃认真的，就有可取之处。解放后朱先生通过不断的学习，努力改造，进步很大，给旧知识分子、也给年轻人做出了好的榜样。"

这是冯至当时以及后来对朱光潜的看法。其实那时冯至的思想也并不怎么进步，还是处在一种彷徨的状态。

远在20年代，冯至就与沈从文相识，但并不熟悉。从文与陈翔鹤过从较密，冯至只在报刊上读过他署名"休芸芸"的作品。在昆明时，虽常见面，也没有做过深谈。到了中老胡同宿舍，朝夕相处，二人谈文艺，谈小摊上买来的古董，谈民间艺术，他谈话声音很低，却津津有味。他的文学创作态度，非常认真。朱光潜在1980年写过一篇《从沈从文先生的人格看他的文艺风格》，他这样描述沈从文：

> 他日日夜夜地替青年作家改稿子，家里经常聚集着远近来访的青年，座谈学习和创作问题。不管他有多忙，他总是有求必应，循循善诱。他自己对创作的态度是极端严肃的。我看过他的许多文稿，都是蝇头小草，改而又改，东删一处，西补一处，改到天地头和边旁都密密麻麻地一片，也只有当时熟悉他的文稿的排字工才能辨认清楚。……

从这里看，沈从文的确很忙，他在接待来访的客人与替人改稿以外，还编两份文艺周刊。也许实在忙不过来了，他把编辑《大公报·星期文艺》的工作让给冯至。冯至从1947年4月6日的第二十六期编到1948年9月的第一百期。冯至这段时间不记日记，可是他把《星期文艺》每期作者的名字都记下来，注明每篇作品的字数，这大概是为了根据字数支付稿费。从那些名单上可以看到有顾随、林徽因、臧克家、穆旦、袁可嘉、郑敏、李瑛等人的诗，有朱光潜、朱自清、靳以、萧乾、李广田、盛澄华、陈占元、罗大冈、杨周翰、青勃、吕德申、陆人、金隄、刑楚均、周珏良、王逊等人的散文或论文，此外还有永玉和署名柳湜的木刻。柳湜不愿意让人知道他住在什么地方，他说他的稿费请交给东华门外某银行里的一位女士。冯至编《星期文艺》的后期，发表柳涯木刻的次数较多，每次稿酬都是冯至亲自到那银行里交给那位女士的。

那时臧克家在上海编《文讯》月刊。冯至把他大学毕业时译的海涅《哈尔茨山游记》重新校改，寄给克家在《文讯》上连载。冯至这样做，是怀有一种赎罪的心情，因为原译错误太多了。

冯至的中篇小说《伍子胥》、散文集《山水》分别于1946年9月、1947年5月在上海文化生活出版社出版后，读书略颇有评论。靳以曾写信给冯至，称赞《伍子胥》是他近来读过的小说中最好的一部。冯至和靳以过去并不认识，冯至读过这信，非常高兴。后来靳以在上海编《中国作家》，冯至曾写《批评与论战》一文发表在那刊物的第一卷第三期。冯至写这篇文章是因为他有鉴于评论界批评与论战往往互相混淆，他认为这二者性质不同，要分辨清楚。

歧路与决断

　　前边写的我们的生活好像很平静，可是北平无时无刻不在激烈的动荡中。北平进步师生发动的一系列运动如反饥饿、反内战、反压迫、反美扶日的游行示威，签名抗议国民党反动派的种种暴行，以及学生举办的各种纪念活动，冯至有的参加了，有的表示支持。那么，我为什么在前边说冯至的思想也并不怎么进步，还是处在彷徨的状态呢？这种彷徨状态或许难以理解，我试行略做分析。冯至受存在主义哲学影响，认为人的一生随时都要有所抉择，小问题面前有小的抉择，大问题面前有大的抉择。他在1943年写过一首诗《歧路》，诗的开端这样写："它们一条条地在面前 / 伸出去，同时在准备着 / 承受我们的脚步； / 但我们不是流水， / 只能先是犹疑着， / 随后又是勇敢地 / 走上了一条，把些 / 其余的都丢在身后——"诗中间说:"我们越是向前走,/我们便有更多的/不得不割舍的道路。"诗的最后两行是"全生命无处不感到/永久的割裂的痛苦"。这说明在不同的道路面前,人只能选择一条走去,而那些没有走的路,说不定会更为适宜,甚至更为美好,他对此不无留恋。后来他于1947年8月在《文学杂志》上发表了一篇散文《决断》,这是有鉴于国内进步与反动、共产党与国民党之间的尖锐斗争,人们在紧要关头要勇于决断。迟疑不决是痛苦的,决定取舍后才能走入一个新的境界。文章里说:"决断前或许会使人有一度陷入难以担当的苦恼,但生命往往非经过这个苦恼不能得到新的发展。"又说:"有人任凭外力推移,生活里从来感觉不到需要决断的问题,这种人根本提不到幸与不幸。人间真正的不幸者却是那些已经遇到问题而又不能决断的人。"冯至在这篇散文里反复论述决断的重要性和不能决断的痛苦,可是他自己在国内阶级斗争十分激烈的时刻,他有了什么决断了吗?不,他没有决断。国民党政府倒行逆施,不能寄予任何希望,共产党呢,他不了解,他不懂得马克思列宁主义。他只会诅咒黑暗,梦想光明。在1947年为了纪念"五四",他写过一首诗《那时……——一个中年人述说五四以后的那几年》,在他述说了"那几年"之后,他说:

如今走了二十多年，

却经过

无数的歧途与分手；

如今走了二十多年，

看见了

无数的死亡与杀戮。

那时追求的

在什么地方？

如今的平原和天空，

依然

照映着五月的阳光；

如今的平原和天空，

依然

等待着新的眺望。

  这首诗，常常被人称颂，但是"五月的阳光"到底是什么？"新的眺望"到底是眺望什么？很抽象，不大清楚。

  1948年初，冯至在《大公报·星期文艺》第六十二期，写了一篇《新年致辞》，对前途深感无可奈何。其中有这样的词句："现在什么不是在挣扎呢？从一日的温饱到最崇高的理想，凡是在这一条线索上能够连串起来的事物，它们都在挣扎。只有那些用千万人的生命来满足一己的妄想的人们不懂得生命的挣扎，他们在践踏生命。"在不满七百字的短文里没有一句是鼓舞人心的话。结尾处只说："但愿这个副刊能继续下去，和一切的生存者息息相关，没有修饰，没有浮夸，自然它也愿意从自己的生命里开一些美好的花朵。"这里"满足一己的妄想的人们"指的国民党反动派。至于"崇高的理想"是什么？"美好的花朵"是什么？又是很抽象。

从这些诗文可以理解冯至当时的心态。正在这时，大约在1948年2月，有一天钱昌照和萧乾到我们家来，与冯至谈话，他们说，国内政治、社会、经济各大问题非常复杂。人们感到彷徨苦闷，想集合一些有专长的朋友组织一个"中国社会经济研究会"，对那些大问题进行研究，为中国寻找一条新路。他们还附带说，这个研究会既不反苏，也不反美。还筹备一种刊物，就叫作《新路》。冯至看名单里很多是北大和清华比较倾向自由民主的教授，他同意了，并于3月1日在欧美同学会参加了研究会的成立大会，会上通过了二十条政治主张，如"政治制度化，制度民主化，民主社会化""法治必须代替人治""促成平均分配，提高生活水准"等。

研究会成立的消息及它的政治主张在报纸上发表后，立即在进步的文化界受到强烈的反对和严厉的批评。认为这是一些资产阶级民主主义者在企图实行业已宣告破产的第三条道路即中间路线。在国民党开始由进攻转为防御、共产党开始由劣势转为优势的形势下，这条道路对解放战争只能起破坏作用。现在看来，研究会中的同人并不像论者所说的那样罪大恶极，不过他们像是毛泽东同志在《丢掉幻想，准备斗争》一文提到的"怀有旧民主主义思想亦即民主个人主义思想，而对人民民主主义，或民主集体主义，或民主集中主义，或集体英雄主义，或国际主义的爱国主义，不赞成，或不甚赞成，不满，或有某些不满，甚至抱有反感，但是还有爱国心，并非国民党反动派的人们"。冯至说不上是这种"人们"的典型，不过在某些方面多少沾点边儿。

在 1948 年 4 月，革命形势急剧发展，人民解放军收复一度被国民党军队占领过的延安，在此前后解放军连克石家庄、四平街、洛阳等国民党军队重点设防的城市，东北绝大部分得到解放。与此同时，北平反动当局于 4 月 7 日公开要求北京大学交出十二名学生，次日深夜特务冲入师范大学毒打同学，捣毁学生自治会，捕走八人，11 日大批军警特务包围北大红楼，搜查东斋教师宿舍……这一系列的强暴行为令人发指。全国革命形势的发展使冯至有所觉醒，北平城内行政当局利用种种卑污手段指使军警特务横行霸道，更激起冯至的义愤。关于反动当局限期交出十二名同学事，1988年出版的《北京大学校史》有这样一段记载：

> 在这紧急的时刻，红楼响起了急促的钟声，广大同学来到民主广场，围成许多圈，把十二个人维护起来，准备以血肉之躯筑成堡垒来保护他们。不少教师也坐到了保卫圈里。教师们闻讯后即自动召开教授联谊会，派冯至为代表向学生致词，表示"我们全体教授愿意誓死支持你们的要求！"并转达西语系美籍教师傅汉斯的话："这样的事，我以一个外国人身份是看不惯的，假如你们政府真要这样无理逮捕学生，我愿意同他们十二人一起进监狱。"

这年夏天，杨振声邀沈从文一家和我们一家在颐和园内的谐趣园度夏，冯至听着西郊机场飞机起落的声音，写出散文《郊外闻飞机声有感》。他说，在抗日战争时期望见中国的飞机起飞无限兴奋，如今听到飞机起落的声音则非常憎恨。文章最后的一段写着：

> 如今怎样了呢？飞机，我再也感不到你的可爱了。……尤其是当我想到你来自美国，里边装载的有时是美国的炸弹，有时是美钞荫庇下的达官富贾，而受害的都是中国人民时，我对你只有憎恨。在憎恨中我深深认识到，用外国武器来杀害自己的同胞是最卑鄙的行为。

这是冯至在北平居住三年，最后得到的这个"深深认识到"。他写完这篇散文，就近给杨振声看，杨振声拿去在《新路》上发表了，那时杨振声负责《新路》文艺方面的编辑。文章发表后，过了一些时日，有学生告诉冯至说，他听解放区的电台广播了这篇文章。

朱自清于1948年8月12日逝世，冯至深为哀悼，冯至写了一篇《忆朱自清先生》，发表在《中建》三卷六期。文章里有这样一段：

> 不幸他在中途死去。中国的新文艺失却了一个公正的扶持人，朋友中失却一个公正的畏友，将来的新中国失却一个脚踏实地的文艺工作者。

这时他的眼前已经出现了"将来的新中国"，再也不像是

《新年致辞》里所说的那样前途渺茫无希望了。

1948年12月17日是北大五十周年校庆。为了筹备校庆，冯至担任校史展览工作，展出历届学生运动的照片和实物，其中也有北大马克思学说研究会1920年的会员合影。在这月的12日，解放军已到达海淀，国民党反动派政府派飞机来接他们想象中可以跟他们"一条路走到黑"的教授学者们，不料除胡适等极少数的几个人外，北大几乎是全体师生都留在北平，等待解放。贺麟和朱光潜也在被飞机迎接的名单内，但是许多好友都劝他们不要走，冯至也是极力劝阻的一个。

丰富多彩的十七年

从北平解放到新中国的成立

1949年1月31日北平和平解放到10月1日中华人民共和国宣告成立，整整八个月。这八个月内人心振奋，几乎天天都像是过着盛大的节日。2月3日人民解放军举行隆重的入城式，冯至和我都参加了欢迎的队伍。1989年出版的《北京大学》一书中有如下的记载：

> 这天，北平各界列队迎接解放军入城。袁翰青、费青、楼邦彦、闻家驷、冯至等教授走在北大队伍的前列，兴高采烈地参加游行。……他们对北平和平解放所带来的每一个变化都感到兴奋不已。

游行回来后，冯至对我说，他有生以来从未见到过这样纪律严明、谦虚爱民的军队。我们都为了能参加这样一个历史性的盛会感到骄傲。

2月下旬，北平市军事管制委员会文管会先后接管了北京大学、师范大学和其他高等院校，各学校分别成立校务委员会，汤用彤担任北大校委会主席，师大校委会主席是黎锦熙。北大教职工和学生迫切要了解党的方针政策和解放区的情况，组织学习委员会，邀请党内负责同志到学校里来做报告。冯至是这委员会的成员，在文艺方面，他跟周扬、沙可夫联系。

这时我们个人生活里最为高兴的，是老朋友杨晦、夏康农从香港，陈逵从解放后的上海，先后回到北平。握手重逢，谈到过去几年有如一场噩梦，如今大家称幸，已从噩梦中醒来。冯至青年时在北京的朋友柯仲平、陶钝参加革命多年，回到北平，也曾来我们家里与冯至叙旧。当年同济附中在金华、赣州时离开学校去解放区的同学，其中不少人来看望冯至，他们都锻炼成长，每个人有一段不平常的经历。家里几乎天天有人来访，他们带来新鲜的空气和明朗的阳光。冯至也在不同的场合认识了久已闻名过去不曾相识的人士，如叶圣陶、胡乔木、周扬、丁玲、臧克家、艾青等人。

7月2日至7月19日召开的全国文学艺术工作者代表大会是解放区与国统区文艺工作者会师的大会，是以毛泽东文艺思想为指导促进文艺界空前团结的大会。北平代表团曹靖华任团长，冯至任副团长。开会期间，曹靖华拿着一本纪念册请与会代表给他的女儿曹苏龄题词留念，冯至也效法曹靖华从家里找出一本珍藏多年没有用过的纪念册请人给我们的女儿冯姚平题词。这纪念册在十年浩劫中被撕毁了，还剩下几幅零页。从剩下的零页里还能看到郭沫若写的即兴诗句："我有一个最大的理想，／希望每一个人永远保持／孩子时代的天真。／可是我自己便没有做到，／只诚恳地期待着下一代的人。"茅盾写的"新中国的小主人努力前程"，巴金写的"青年是人类的希望"，臧克家写的"爸爸唱昨日之歌，你唱今日之歌"，都语重心长地给"小朋友"以勉励。徐悲鸿画的《木偶人》，吴作人画的《朝鲜舞》，李可染画的《牧牛图》，庞薰琹的素描，都成为残存的珍品。最宝贵的是周恩来写的"为建设人民文艺而努力"，这是纪念册里唯一的一页不是写给小朋友冯姚平而是写给冯至的。冯至在自己的日记本里也写了这么四行："你诅咒的旧中国已经消亡，／你希望的新中国正在成长，／你每个字都显示出／铁石一般的力量。"这预示着冯至写作的风格正在发生变化。

这中间，毛主席的《论人民民主专政》和他后来为新华社撰写的一系列批判美国国务院白皮书的社论相继发表，对旧知识分子起着振聋发聩的作用，冯至反复诵读，明白了许多从前不明白的道理。

9月21日至9月30日举行中国人民政治协商会议第一届全体会议，通过了会议宣言，庄严宣告建立了中华人民共和国，"中国的历史，从此开辟了一个新的时代"。

在10月1日，冯至以无比的兴奋随着北大师生的队伍到了天安门外西长安街路旁，等候着五星红旗冉冉升起，毛主席宣告新中国成立，随后是盛大的阅兵式和三十万人的群众游行。中国历史的确开辟了一个新的时代，人人感到新生，与过去告别。新中国的政府各机关相继成立，朋友们走上各自的工作岗位。一天晚上，夏康农在我们家里闲谈，临走时不无惋惜地说了一句："灿烂之局，从此归于平淡。"

努力做人民教师

实际上并不平淡,只不过是那八个月的灿烂局面告了结束。大家都专心致志地为新中国的成长努力工作。北平解放时,我在师大任中文系教授,又在北京大学医学院兼任德语教授,我既教德语,又教中文,表面看来很忙碌,可是内心空虚,我起始感到自己学无专长,教书等于混饭吃,心里十分不安。大约在1950年初,陈逵到我们家里来,他说,有一天胡乔木向他询问教外语的人才,因为从解放区迁来的外国语学校将扩充语种,在英语俄语之外拟增添德语法语。陈逵说我教德语有一定的经验,并请胡乔木写了一封信给外交部办公室主任王炳南,介绍我到当时隶属于外交部的外国语学校去教德语。陈逵把介绍信交给我,我立即拿着信去见王炳南,蒙他亲自接见,他还用德语跟我谈了几句话,我觉得这就意味着对我进行了小口试。

  但那时外语学校的德语组还没有成立，我继续在师大和北大医学院两处教书。等到3月，我收到外语学校的聘书，由校长刘仲容署名。我在3月15日到外语学校报到，知道负责筹备德文组的是李遇安，和我同时到德文组的另一位教师是李康，他们都是留德同学。我到校的那天就考新生，一共十四人，全被录取了，都是男生。程度相差很大，从九十八分到二十一分。因为有人是同济大学附中毕业，入了同济大学，上海一解放就参加革命，德语相当有基础；有人只在大学选修过第二外语德语。我和李康从4月4日起始在外校授课。十四名程度不齐的学生编成一班，教课相当困难。我们从头教起，让同学们各显神通，成绩突飞猛进。一个善于幽默的同学说出一个比喻，他说，"德"字就体现了德文组当前的情况。两个教员是双立人"彳"，十四个学生是"古"，一条心是"心"，我们师生不就是这样共同努力前进吗？这班同学的年龄相差也很大，大的四十七岁，有长期的工作经验，小的不到二十，刚入大学；有老党员，有新党团员，还有群众，大家亲密相处，互助互爱，砥砺切磋，都一心一意地为革命学习。德文组搞得很红火，这一班学了一年半就毕业了。可是正式毕业时，只剩下四名学生，其他十个人都为了工作的需要在学习的中途陆续被调走了。

1950年底，各地学生报名参加抗美援朝的人数很多，外交部从中选出一些年轻的学生送到外语学校深造，大多数分配到英语俄语两系，另有约五十名分给德文组，后来编为两班上课。我虽然教过多年德语，但很少钻研外语教学理论，教学方法也只是凭一点粗浅的经验。如今情况不同了，学生的外语基础不一致，每个人的资质也有相当大的悬殊，可是我必须以高度的责任感把学生的外语教好，使他们毕业后能胜任工作。这就促使我研究外语教学理论，不断改进教学方法，同时也提高自己的德语水平。我和冯至互相勉励，努力做一个名副其实的人民教师。从此我本着这种精神在外国语学校（后改称"学院"）工作了三十七年，直到我在1986年退休为止。

这时，冯至的工作千头万绪，我不知应从何处谈起。他继续在北大西语系任教，学校里提出许多新的问题，关于教学如何加强计划性，明确方针，以及选择教材等，不断进行讨论。1950年下半年，周扬邀他兼任《人民日报》副刊编辑。每星期他去煤渣胡同报社的办公室一次，与王朝闻、袁水拍共同审议稿件，有时报社的负责人范长江也过来谈一谈国内和国外的大事。

中国人民志愿军抗美援朝开赴朝鲜前线后，北京大学跟全国各地一样，为此开展宣传活动，群情振奋，不少同学报名参加志愿军。其中有一人临行前写下"遗嘱"寄给母亲，并把存书分赠给留校的同学。冯至在这个学生的纪念册上写了两节诗："你不要把你的书／分赠给友人。／最好把它们放在书架上，／让它们等待／你胜利的归来。更不要写下遗嘱／寄给你的母亲。／因为战场上死去的／不是英勇的你，／而是怯懦的敌人。"

1950年冬，《新观察》半月刊筹备出版，戈扬任主编，说是要把这刊物办得图文并茂。林元从上海来参加编辑工作，他曾约请冯至到戈扬家里，他们敦促冯至把《杜甫传》完成，按期在即将出版的《新观察》上发表，并请画家张正宇插图。冯至于是把过去已经写出在《文学杂志》上发表的部分做了修改和补充，增加了新的章节，从1951年1月至6月连续在《新观察》登载，得到一些好评。至于《杜甫传》印制成书，则是在1952年11月。

1951年3月，人民文学出版社成立，冯雪峰任社长兼总编辑。一天冯雪峰来访冯至，邀请他兼任副总编辑，雪峰还说，也邀请了曹靖华。以后冯至就常去出版社参加会议，并校阅有关外国文学的译稿。到了1952年秋高等学校院系调整，北京大学迁到城外，冯至就很少进城参加出版社的工作了。

但是出版社出版的新书经常寄赠给冯至，直到 60 年代初才停止。这样，颇丰富了冯至的藏书。

1952 年 1 月，开展反贪污、反浪费、反官僚主义的"三反"运动。在学校知识分子中间进行了思想改造运动。冯至从 1951 年暑假后就担任西语系主任，在运动中他接受系里同事们对他提出的批评，有的很尖锐，是他从前作学生时和当教师时从未听到过的。通过学习，把同事们的批评作为镜子，照照自己，思想有了一定的提高。

我从 1950 年秋，在外语学校任德语教研室主任，性急，好胜，不善于处理人际关系，弄得身心交瘁。终于在 1951 年底得了一场病，全身衰弱，低烧不退，有浮肿现象，住进协和医院。那时还没有公费医疗，我自费住二等病房，由指定的大夫负责诊治，得到很好的照顾，一个多月后才痊愈出院。出院就是三反和思想改造运动，我做思想检查，进行自我批评，大会小会都开过，虚心听取群众的意见。群众指出，我的主要问题是名位思想。诚然，我好名，也好位，跟利却没有沾上边儿。群众的发言能针对我的缺点击中要害，我不知流了多少热泪，可是我因之改正了许多毛病。回想起来，我对于那次思想改造运动，还是感戴不已。

冯至的思想问题，不像我那样显而易见。他比我多读了些西方资产阶级文学作品，受到不少影响。他认为人与人之间除爱人与个别友人外，难得有真正的了解，在社会中每个人都像是身居孤岛，难通声息，至多不过是彼此呼应一下而已。既然如此，就不妨互不干扰，各行其是。他常常隐蔽自己，不求人知。他说过，他有两个名字，一个是父亲按照家谱排列辈分的次序给他起的，是冯承植。一个是他自己起的，是冯至。所以冯承植名下所做的事如职业、名位以及与"非我族类"的人们的周旋，他不负责任；他只为在冯至名下做的事如爱情、友情以及写的文章等负责。他自以为这是他的处世之道，有时还为此沾沾自喜。冯至这样检查时，群众指出，实际上这是二重人格的表现。人们还说，冯至写的某些东西晦涩隐蔽，可以这样解释，也可以那样解释。这是冯至性格中的一个特点。至于原则性不强，不善于联系群众，脱离实际，官僚主义等，则是当时许多知识分子的通病，冯至也不例外。同样是经过大会小会，冯至逐渐认识自己的过去，明确将来应该怎样做人。最后思想改造运动结束，他在全系"庆丰收"的会上宣读了一首诗，对党、对毛主席表示感谢。在诗里说到过去是——

看不见光明，只看见黑暗，

分不清朋友和敌人，

感不到人类的历史在前进，

把真的掺上了假，

假的掺上了真。

说到现在和将来是——

你让我有了爱，

爱祖国的人民、祖国的山川，

爱祖国的今日和明天，

爱我们做不完的工作，

爱工作里的顺利和艰难。

随后，5月29日，学校开展"忠诚老实"运动，冯至把他在冯承植名下做的事做了彻底的交代，主要是他在同济大学时跟朱家骅若即若离的关系。

"三反"、思想改造运动后，国内思想界接连不断开展批判活动，批《武训传》，批胡风，批胡适，批红楼梦研究等，冯至虽然没有积极参加，但也在"左"的路线影响下过多地否定自己。人民文学出版社在1955年出版了一本《冯至诗文选集》，冯至在一篇短序里提到他 40 年代写的诗文："内容比较扩大了，但自己的认识不够，有时流于主观，反映现实，也就受了很大的限制。尤其是 1941 年写的二十七首十四行诗，受西方资产阶级文艺影响很深，内容与形式都矫揉造作，所以这里一首也没有选。"《冯至诗文选集》出版后，有一天冯至去看红线女演戏，在剧院里遇见胡乔木。乔木说，他读到新出版的这本选集，他认为，应该从《十四行集》里也选入几首。事过多年，冯至每逢想起选集序中"矫揉造作"那四个字，总觉得对不起他当年认真写十四行时所做的努力，这四个字不应该加在《十四行集》身上。但他在 1955 年写出这四个字时，也不能不说是出于真心实意。就是这点"真心实意"才促使他在 50 年代写出一些内容和风格都与过去不相同的诗。至于 50 年代的诗与 40 年代初的十四行，互相比较，孰优孰劣，只有交给历史来评判了。

1952 年暑假，全国高等院校进行大规模的院系调整，主要是按照苏联高等教育的模式。党的威信高于一切，在思想改造取得胜利的基础上，院系调整得以顺利进行。在校与校之间、院与院之间、系与系之间，有的合并，有的分开，大家都无怨言，表示同意。北京大学由城内沙滩迁至西郊海淀区原燕京大学校址。清华、燕大、师大、辅仁大学、中法大学外语系的教师并入北大西语系，形成一个庞大的系，冯至继续担任主任。学校于10月开学后，教学方针、教学改革、向苏联学习等等问题的讨论无止无休。他常对我说，自己能力有限，难以胜任，但推辞不掉，只能日夜勤劳地担任下去。

随着北京大学校址的迁移，我们从中老胡同教授宿舍搬到原燕京大学教授住宅区燕东园。燕东园环境幽静，花木茂盛，常有不知名的彩色的小鸟飞来栖止。分配给我们的那座小楼房，上下两层，墙壁上爬满了爬山虎，窗前两棵紫荆树，簇拥着几丛竹子，每逢春雨后便冒出鲜嫩的竹笋。小楼隔成两部分，我们与贺麟一家分住，我们住在前边，他们住在后面。冯至对这栋楼非常满意。他说，自从回国以来，颠沛流离，从未得到过一个可以安心住下去的住所；中老胡同宿舍差强人意，可是燕东园的房子若与之相比，不知要优越多少倍。

这样美好的住房，我却不能与冯至共享。我为了工作的关系，完全住在外语学院的宿舍里，有一段时间连户口也报在外语学院，只是每星期六晚回家看看，大家共同度过一个星期日，星期一清晨去外院，一去就是六天。我们的大女儿冯姚平于1953年在师大女附中毕业后，组织上决定送她去苏联学习，她补习了一年俄语，1954年暑假就去莫斯科了。所以长期住在燕东园的只有冯至与二女儿冯姚明两个人。他们父女二人格外亲热，晚饭后一有闲暇就做各种游戏，父亲常常听凭女儿摆布。我回家，女儿对我反倒有些生疏。可是有一次她割除盲肠住在医院里，却想我想得厉害。我去看她，她乐得无法形容。她向我说："病了真想娘，爹爹代替不了你。"这中间，要感谢贺麟夫人刘自芳大姐，家里许多琐事多亏她分神照顾。她精明能干，助人为乐，被邻里称赞，曾当选为海淀区人民代表。不幸她在1956年逝世了。

北大西语系的课室和办公室当时设在北大西校门内的外文楼，与东语系同在这座楼内。从燕东园到西校门，步行需要二十分钟。冯至每天上下午绕着未名湖去外文楼，有时晚间也去开会，来来去去是很好的散步。途中他经常考虑着种种问题，一类是系里的事务，一类是酝酿诗文。系里的工作十分繁忙，可是他还要抓时间写作。他写诗、译诗、写文艺论文，常常写至深夜。他说，夜是一口无底洞，愿意写到什么时候就写到什么时候。由于他工作努力，能团结群众，在教学改革上做出一定成绩，于1956年6月23日经过西语系支部讨论，被吸收加入共产党。这年党提出"向科学进军"的号召，周恩来总理做了关于知识分子问题的报告，冯至受到很大的鼓舞。

自从1957年反右斗争以后，"左"倾路线急剧发展。1958

年 5 月党的八届二中全会通过毛泽东提出的"鼓足干劲，力争上游，多快好省地建设社会主义"总路线。学校里响应总路线，提出一些"大跃进"口号，在教学上大争大辩，大整大改。系里每个专业、每个班都要订出跃进规划，每个人要订出红专规划，主观主义的狂言呓语弥漫一时。这些，与冯至的性格是不和谐的。冯至作为中国科学院哲学社会科学部学部委员，在 6 月 11 日参加科学院学部会议，听到科学院院长郭沫若在讲话时对于"大跃进"中应运而生的谚语和民歌大加赞赏，并举例谚语有"科学不在远，就在猪嘴边"，民歌有"扁担不长二尺三，筐箩不大柳条编，你甭小看这玩意，昨天担走两座山"。冯至听着对于这一谚一歌的称赞，心里惶惑不解。

这年 7 月，北大党委号召全校科学研究"大跃进"，要苦战四十天，做出成果，准备于 10 月 1 日向国庆献礼。这个号召正中冯至的"下怀"，一年多以来各种各样的运动和会议，应接不暇，找不到时间读书写作，如今名正言顺，容许在四十天内专门搞业务，真是求之不得。他下定决心，与几位同事合作，集体编一部《德国文学简史》。如今若有人谈到，在那样短的时间内编写这样一部书，会传为笑柄，也可以说是对学术工作的一种嘲弄。但冯至当时思想里自有打算。他两年来讲授德国文学史，讲稿已经写到 19 世纪中叶，可以作为基础，其他部分大家加一把力，分头撰写，到时不愁不能完成。冯至为了修改和补充讲稿，耗去了许多天的日日夜夜。他在办公室里熬夜，也不回家，困极了就坐在桌旁打一个盹儿，但他乐此不疲。由于大家的辛勤努力，文学史的初稿终于如期完成。那时人民文学出版社和印刷厂也在"大跃进"，稿子交出去，校样很快就能交来，文学史上卷不久就印出来了。下卷还有些扫尾工作，直到12月才交稿，为了能赶快出书，冯至与编写人之一李淑于24、25日两天亲自到位于通县（今北京市通州区）的印刷厂去校对。冯至的日记里写着："25日晚十二时校对完毕，从通县回到家里已深夜一时半。"第二天他又到系里向大家谈编写文学史的原则问题。冯至虽然废寝忘餐付出那么大的精力，可是后来每逢有人向他提到这部《德国文学简史》，他总说，这是他生平最引以为憾的一件事，总觉得有愧于自己的学术良心。

在冯至搞科学研究"大跃进"的四十天内，我们没有见过面。我在外语学院偕同系里的同志编写《大一德语课本》，由时代出版社出版，后来被许多学校采用。又组织全系师生编纂《汉德词典》，请周恩来总理题签，由商务印书馆出版。这部词典也在国外汉学界通行。1980年我随同冯至去瑞典、丹麦访问时，在那里大学东方语言研究室内曾看到过它的精装本。

这本书后来被外语学院德语系在 80 年代重新编的内容更为丰富的《新汉德词典》所代替。

在"大跃进"的一年内,我天天起床很早,稍事梳洗,就到办公室工作整整一天,直到深夜。有时在饭厅里吃点夜宵后,还再干两个小时。工作收场时,万籁俱寂,常有一两位年轻的同志送我回宿舍。如今回想当时的情景,像是童话故事一般。

紧跟着"大跃进"而来的是三年困难时期。从 1960 年 10 月上旬至 1961 年 2 月上旬,冯至和北大西语系一部分师生到京北十三陵下放劳动。与冯至共同去十三陵的有教授杨周翰、盛澄华,讲师陈镇南,几位助教和英法德每个专业的一班学生。他们分住在泰陵、康陵等地。秋收已过,劳动不多,有时跟生产队的队员们一起挖红薯秧,打杏树叶,把秧和叶交给公共食堂,和在玉米面里蒸窝头吃,与农民说不上"同甘",却是"共苦"。此外就是调查生产队的生产情况,并搜集抗日战争时的革命故事。年岁稍长的农民能述说绰号"小白龙"的白乙化烈士的轶事。凑巧,冯至不久就在《北京晚报》马南邨《燕山夜话》专栏里读到一篇《燕山碧血》,记载的正是白乙化的事迹。

我在外语学院的生活并不比冯至在十三陵更好一些。每顿饭以白菜帮子佐餐，这些白菜帮子面呈黑色，若在往日就是掰下来喂猪用的。学校为了照顾教授的健康，每星期提供一小碟黄豆，味美无比，吃下去便好像增长了力量。我们食堂对门是留学生餐厅，常看见那里吃的是鸡鸭鱼肉，大家没有丝毫羡慕之情，只认为这是当然的。虽然如此，我精神焕发，工作努力，为此感到自豪。可是我的体重从原来的一百二十斤减轻到了九十斤。那时，我们的大女儿已于1959年从苏联毕业回来，被分配在通用机械研究所工作，小女儿在北大附中住校，大家在星期日回到燕东园家里，聚在一起，阅读冯至从十三陵的来信，共享一日的天伦之乐。第二天又各自回到工作或学习的岗位，把空空旷旷的家交给一个善良的保姆看管。

"大跃进"时期，各高等院校的师生解放思想，鼓足干劲，编写出许多教材。大家敢想敢干的精神是值得钦佩的，但是成果往往失之粗糙、片面，缺乏科学性，经不住推敲。中宣部和高教部的领导认为长此下去，教学质量难以保证，学术水平将会下降，于是在1961年4月召集文科教材编写计划会议，由周扬主持。会议邀请了国内高等院校文科的教授专家一百六十八人，共同讨论教学方案，计划教材建设。教学方案强调三个基础即理论基础、知识基础、技术基础。教材要求具有三性即科学性、知识性、稳定性。这"三基三性"实际上是纠正"大跃进"时高等院校教学产生的偏差。预定先编出中国语言文学、历史、哲学、经济、政治、教育、外语七个系的主要教材。冯至担任中国语言文学教材的组织工作,外语方面,冯至推荐外语学院副院长李棣华担任。冯至以极大的热情和兴趣投入这个工作,并请北大中文系讲师郭锡良作为秘书协助,前前后后延续了三年之久。在中国语言文学方面,北京的各编写组先后完成了蔡仪主编的《文学概论》,王力主编的《古代汉语》,游国恩、王起、萧涤非、季镇淮、费振刚五人主编的《中国文学史》,林庚、冯沅君主编的《中国历代诗歌选》,杨周翰、吴达元、赵萝蕤主编的(供中文系使用的)《欧洲文学史》,可谓极一时之盛。这几部书后来被国内高校中文系教学采用,起了良好的作用。各书在编撰过程中,冯至在周扬领导下有的参加讨论,有的通读审阅,自己也增长不少知识,提高理论水平,与几位中青年教师结下深厚的友谊。冯至回忆那两三年的工作,是他心情最舒畅、获益最丰富的一段时间,可是北大西语系的工作,除了每周上几小时课外,他几乎等于脱产了两年。

  1964年,中央决定加强国外问题的研究,建立研究外国政治、经济、历史、文化的机构。中国科学院哲学社会科学部文学研究所中外国文学部分被分出来,另成立外国文学研究所，于 1964 年 9 月成立。冯至调任这个研究所的所长。

以上写了一些我们十七年在北京教学时期的生活，不仅粗枝大叶，而且挂一漏万。在这一节即将结束时"漏万"中有一点不能漏掉，那就是冯至青年时朝夕与共、一块儿办《沉钟》时的至友中陈炜谟在新中国成立后任四川大学教授，不幸于 1955 年在成都逝世。陈翔鹤在文学研究所主编《文学遗产》多年。杨晦任北大中文系主任，也住在燕东园。陈翔鹤家在城内，杨晦近在咫尺，但他们和冯至各自投身于自己承受的事业，很少见面，再也没有时间像过去那样"朝夕与共"了。有时偶然相聚，则欢洽之情不减当年。

冯至在国外和国内几处的访问与工作

关于冯至十七年内在国外和国内几处的访问与工作，我不知应该如何谈起，因为他历次出国或去外地，我都不在场。我只能根据他不完整的笔记本把行程记录下来。为了避免完全写成流水账，也尽可能从中捕捉少许花絮。

一、访问东欧。1950 年 3 月初，文化部办公室主任沙可夫给冯至来电话，说匈牙利为纪念解放五周年，将于 4 月 4 日举行庆祝会，中国拟派一代表团前往祝贺，沈部长（茅盾）推荐冯至代表文化界参加。冯至自从 1935 年回国，已有十五年没有出国，他听到这消息，自然很高兴。中国驻苏联大使馆武官边章五任代表团团长，团员中有许立群、华君武和工农兵妇各方面的代表。做了一些准备后，周恩来总理召集在北京的团员谈过一次话，对于出国应注意的事项做了亲切而具体的指示。代表团定于3月13日晚在外交部集中，然后于9时乘车出发。冯至去外交部时，我带着两个女儿在宿舍门口送别。刚满四岁的冯姚明从来没有离开过父亲，这次父亲要到外国去了，她在门前大哭一场，要跟父亲一起去。

关于这次访问的行程，冯至在他写的《东欧杂记·后记》有如下的记载：

> 1950年3月30日，到了莫斯科，第二天清早，乘飞机到布达佩斯。十天后，从布达佩斯飞回莫斯科。在红场旁住了将近二十天，4月29日飞到柏林。5月4日到布拉格，26日重返柏林。6月4日飞回莫斯科，7日离莫斯科回国。在东欧停留了两个月另八天……

这里需要略做说明，在布达佩斯是庆祝匈牙利解放五周年；第一次去柏林是参加五一劳动节；在布拉格是庆祝捷克斯洛伐克解放五周年，刘宁一任代表团团长；第二次去柏林是参加民主德国举行的青年大会。

冯至回国后，写了十二篇散文，叙述这次东欧之行的见闻，后来收辑成本，就是前边所说的《东欧杂记》。这些散文充满政治激情，跟他从前散文的格调迥然不同。但在他的笔记本里也偶尔看得到少许闲情逸致的文句，如"4月10日，复活节第二天，在布达佩斯见柳絮""5月14日，布拉格青年会议大厅，见燕子飞入""6月6日，莫斯科首次看见柳絮"……

二、1951年8月，在柏林举行世界青年联欢节。中国派遣一个庞大的代表团，代表六十人，文工团二百一十六人，冯文彬任团长。冯至被邀参加代表团，主要是做翻译工作。7月16日晚代表团从北京乘车出发，经过西伯利亚、莫斯科，31日晚到达柏林，沿途各大车站都受到当地青年团体的欢迎。联欢节于8月5日开幕，一系列的招待宴会、国际间联欢、节目表演、体育竞赛、参观展览……应接不暇。8月19日联欢节达到高潮，举行盛大的和平示威游行，隆重进行和平宣誓。紧接着世界青年联盟理事又开了几天会，25日才结束。

冯至还留在柏林，因为以沈钧儒为团长的法学家代表团将于9月3日到柏林，参加9月5日召开的国际民主法学家会议，他们请冯至担任翻译。民主德国政府很重视这个会议，总理格罗特渥在开幕时讲了话，总统皮克在他官邸的花园里招待全体出席代表。在会议期间，冯至观看了布莱希特的名剧《大胆妈妈和她的孩子们》，由布莱希特夫人主演，他很受感动，这是他首次接触到布莱希特的戏剧艺术。

三、1951年12月，政治协商会议全国委员会土地改革工作团组织大批人员去中南区进行大规模的土地改革。冯至任第二十二团团长。土改地点是江西省进贤县。工作团于12月10日晚从北京乘车出发，到武昌后集中学习一段时间，20日到南昌，27日到进贤。从中央到地区、到省、到县，不断听取各级领导的报告，交代政策，越听越接近现实。全团于1952年1月1日开始工作，3月19日结束。这对冯至是一次很有意义的锻炼。他在抗日战争时期，流离转徙，也接触到民间的疾苦，但从未深入农村，体会不到贫下中农是怎样想，怎样生活。他觉得自己在农村既无知又无能。关于团内的工作，他主要依靠副团长李健生、刘仲荣和秘书长关世雄、杨捷。那两位副团长有较多的斗争经验，两位秘书长则精明能干，思想敏锐。至于土改的方针政策，则更多地向地方干部学习。冯至工作的地点是进贤县河湖乡，县委宣传部部长刘英常下来指导工作，他还派遣一个女青年作为冯至的助手，她姓宗，人们称她小宗。小宗不过二十岁左右，却有丰富的农村知识，做事泼辣，很快就跟农民打成一片，她向冯至反映情况，给予不少帮助。她能唱歌，也会讲故事。冯至土改时期写的唯一的一首诗《韩波砍柴》的内容，就是一连下了几天几夜的雨，到了阴历正月十九忽然天晴月现后她向冯至说的。那时冯至住在一户农家，家里只有母子二人，儿子把他的床让给冯至，跟母亲共睡一床。冯至就把这感人的故事放在儿子的口里说出来了。

土改结束后，全团于3月21日回到进贤县城，住在县委的大院里，在县里吴政委的指导下，大家谈收获，谈体会，给团领导提意见，准备写总结。二十二团里的成员大部分是文教工作者，占全团一百一十九人的百分之五十九，其中不少知名人士。写总结主要由冯至、李健生、关世雄三人执笔。第二队分队长凤子就告诫说，不要把大家的话凑成一个"拼盘"。这话等于对执笔人提出警告，写总结要写出一定的水平。总结于28日写成初稿，随后取道浙赣路于31日至上海，当天晚上乘车返京时，翟立林赶到车站与冯至相晤，这是他们自从昆明别后首次的再见。至于总结定稿，则是回到北京后李健生和关世雄几次到中老胡同我们家里完成的。那时我住在外语学院，没有能够见到他们。听说，他们定稿时，有说有笑，谈了许多土改时的趣事。

四、1952年12月12日至18日在维也纳召开保卫世界和平大会，中国很隆重地派遣了一个代表团，宋庆龄任团长，郭沫若任副团长。冯至参加代表团，于11月下旬乘车经西伯利亚、莫斯科、布达佩斯，12月9日到维也纳。在布达佩斯多瑙河马尔基特岛上的大旅馆里住了一夜，这是两年前冯至住过的地方，他看到匈牙利两年内建设的成就，深有感触地写了一首诗《布达佩斯》。代表团里一位团员名马意努尔，维吾尔族，她和匈牙利人通过翻译交谈，发现有些词匈牙利语与维吾尔语相同，如苹果、胡须、猫、数目字等，她想不到在多瑙河畔认了一门"远亲"，心里很高兴。

大会结束后，冯至到书店里看看，书架上仍然摆着里尔克、卡罗萨、托马斯·曼等人的书，看见这些，如逢故人，但他没有过问那些书，只在旧书部买了德文译的裴多菲诗集四种。奥地利的朋友招待代表团游览维也纳的名胜，在卡仑山上一个不相识的妇女送给游人一束黄花，这花类似含羞草，名称很好听，叫作"迷莫沙"（Mimose）。冯至为此写了两节诗："维也纳的朋友／用一束朴素的黄花／欢迎远方的客人，／花名叫作迷莫沙。它不像是毋忘草／有感人的故事流传，／只因它谦虚朴素，／却格外讨人喜欢。"代表团12月26日回到莫斯科，受苏联保卫和平会朋友们的邀请，在莫斯科、列宁格勒（圣彼得堡前称）参观访问将及两个星期，于1953年1月7日回国。

五、访问鞍钢。1954年2月，中国作家协会组织五个作家去鞍山钢铁公司访问，这五个人是黄药眠、吴组缃、萧殷、戈扬、冯至。他们2月15日到鞍山，大约住了两个星期，听鞍钢的领导介绍情况，与劳动模范孟泰、李凤恩、张明山等人谈话，到现场参观学习，还遇见长住鞍钢的作家草明。冯至在那里写了几首诗，回北京后，根据访问所得的材料写了《张明山和"反围盘"》，这是他写的唯一的一篇报告文学，由工人出版社出版。

六、访问民主德国、罗马尼亚。中国作家协会为了执行与民德、罗马尼亚、保加利亚订的文化协定中的作家互访项目，于1954年派冯至和田间去那三国访问。在访问期间，冯至当选为第一届全国人民代表大会代表，第一次会议定于9月15日召开，他访问了罗马尼亚就赶回北京开会，没有能去保加利亚。

从6月30日至8月14日，冯至和田间在民主德国访问将及一个半月，内容非常丰富。他们参观了工厂、农村、学校，游览了名胜古迹，在座谈会上、在宴会上以及通过个别拜访，结识了不少文艺界知名人士。曾任捷克斯洛伐克驻华大使后转入德籍的魏斯科普夫热心关注他们访问的安排，大事小事，照顾无微不至。曾来中国访问过的作家如赫姆林、彼德生、库巴等人也热情招待他们。在德国作家协会的招待会上冯至得以和安娜·西格斯深入交谈；他还得到史推芳·海姆赠予的一小本装帧精美的歌德题辞集，其中大部分在一般的歌德文集里是读不到的。在彼德生家里他遇见小说家阿诺德·茨威格，1932年我们在柏林时曾住在爱西卡卜，阿诺德·茨威格也住在那里，冯至向他说，那时常看见他在附近的林中散步。8月10日，魏斯科普夫陪同冯至、田间拜访诗人兼文化部部长贝歇尔，正巧布莱希特夫妇也在那里，贝歇尔同大家谈了许多文艺上的问题。在座的主客照了一张相，那相片冯至还珍贵地保存着。他最难忘的是在他们离开德国的前一天，8月13日，拜访了布莱希特，听他极有风趣的谈话，他室内壁上挂着一大幅老子像，这不禁使人想起布莱希特的名诗《关于老子出关路上完成〈道德经〉的传说》。

冯至和田间于8月14日乘车经过布拉格、布达佩斯，于16日上午到达罗马尼亚首都布加勒斯特。23日参加罗马尼亚解放十周年庆祝大会。25日乘车去毕萨参观水电站，与丹麦代表团同车，其中有作家汉斯·色尔菲（Hans Scherlig），他们说，19世纪安徒生曾徒步漫游罗马尼亚，他的游记里写有不少惊奇的故事。他们也曾至匈牙利族区域的克罗什（Cluj），凭吊裴多菲的遗迹，据说这位匈牙利民族诗人就是在这里战斗失踪的。田间提前赴保加利亚，冯至于9月9日至罗马尼亚北部名城雅西，途中参观了诗人爱明内斯库和作家克良格的故居。他在9月11日起飞回国。

七、河南视察。根据全国人民代表大会常务委员会关于人代会代表各地视察的决议，冯至和另外四位代表于1955年6月一起赴河南陕县、渑池视察。视察的重点是农业合作社生产情况、统购统销工作和农村治安问题。他对于以上三点都是外行，与其说是视察，不如说是学习，增长一些知识。他们于6月14日晚乘车离京，15日下午至郑州，17日下午至陕县，20日从陕县泛舟黄河至三门峡。在三门峡住了一夜，21日至渑池。22日晚至洛阳，25日晚从洛阳回到郑州，28日回京，往返共十四天。他们除了在陕县、渑池视察访问了合作社、互助组及个体农民外，还参观了三门峡工程，渑池的仰韶村，洛阳的汉墓、龙门、白马寺，以及新的建设工地。在祖国的文化遗产、黄河的水利资源、社会主义建设等方面，受到教育和鼓舞。27日下午四时，河南省文联诗人苏金伞，作家李准、青勃邀冯至在人民公园座谈，畅叙近年来河南的新鲜事物。

八、访问西北。1956年夏，全国文联组织文艺工作者去西北参观访问。冯至任团长，团内有朱光潜、钟敬文、张恨水和几位画家。他们7月18日至西安，冯至一人于8月18日提前回京，整整一个月。这次我不想详细记载他的行程，因为他每到一个地方，几乎都有诗为证。在西安、铜川煤矿区、延安、宜君、兰州、玉门等地一共写了十四首诗，每首诗都注明时间和地点。这些诗在 1959 年出版、仅有五十首的《十年诗抄》里占有相当大的比重。

　　访问团到了玉门，正拟去敦煌，冯至收到兰州转来的北京电报，催促冯至立即返京。冯至在西北访问期间，我带着冯姚明去青岛避暑，彼此未通音讯，电报也没有说明催冯至返京的原因，冯至担心家里会发生什么事故。等到他乘飞机回到北京，看见我早已从青岛回来，正准备集中到一个地点去翻译中共第八次全国代表大会的文件。我和冯至都投入夜以继日的紧张工作，直到 9 月 27 日大会闭幕为止。访问团则按照原计划进行，游览了敦煌。

　　九、第四次访问民主德国。莱比锡大学于 1959 年 10 月 12 日举行五百五十周年纪念会，高教部派成仿吾、冯至二人组成中国高等学校教师代表团前往祝贺。他们于 10 月 8 日乘飞机经乌兰巴托、莫斯科在 10 月 10 日到达莱比锡。成仿吾在纪念会上致贺辞，随后是一系列的招待会、座谈会，并与莱比锡、柏林等地的高等院校负责人讨论社会主义高等教育的种种问题。

　　10 月底，成仿吾回国后，冯至留在柏林，准备参加在魏玛举行的席勒诞生二百周年纪念会。他在柏林时，访问了布莱希特文献馆，在附近布莱希特墓前献了一盆花。他 11 月 6

日到魏玛，10日在席勒纪念大会上代表中国文艺工作者作了发言。他这次在德国认识了德国文学史教授汉斯·麦耶尔和苏联日耳曼学校教授萨马林，回国途中他在18日到莫斯科大学参观了萨马林领导的德文系。

十、访问古巴。也是执行文化协定中作家互访项目，中国作家协会派冯至和远千里访问古巴。他们于1963年12月20日乘飞机取道莫斯科、布拉格飞往古巴。在莫斯科和布拉格都小作停留，12月27日到哈瓦那。

在哈瓦那街头散步，路过一座古巴独立记功碑，是1931年旅古华侨协助建立的。碑的正面刻印着两行西班牙文句：

在古巴中国人没有一个是逃兵
在古巴中国人没有一个是叛徒

这指的是1895年古巴人民独立战争时，古巴华侨参加斗争的表现。读到这两句话，每个中国的旅客都会感到自豪。

跟访问西北一样，冯至这次去古巴也是一次诗的旅行。他沿途写了十五首五言律诗《古巴纪行》，回国后发表在1964年的《诗刊》上。他还给《世界文学》1964年4月号写了一篇散文《吉隆滩与多宝湖》。冯至常说，他多次去欧洲并不觉得怎么生疏，可是到了热带的古巴，对自然环境和社会生活在许多方面都感到新奇。但是在工厂、农村、学校以及政府机关处处听得到共同的语言，因为古巴革命胜利已满五周年，正在热气腾腾地建设社会主义。

冯至和远千里于1964年2月6日自哈瓦那起飞，沿着原来的去路回到北京。

十一、外国文学研究所于1964年9月下旬成立后，全所人员（除少数外）立即往安徽省寿县参加农村社会主义教育即"四清"运动。工作地点是寿县九龙公社。冯至这次在农村工作，不像十多年前土改时那样觉得无知无能，但究竟是个"生手"。外文所副所长王平凡参加革命多年，有丰富的斗争经验。六安地委宣传部部长方荫生更是精明能干，熟悉农村情况。冯至在他们的指导和帮助下完成任务，做出一些成绩，并与他们建立了友谊。运动于1965年5月下旬结束，方荫生还组织外文所人员去参观皖西一带的水利工程，冯至在路上吟成《皖西绝句》四首。

十二、1965年9、10月间，中国科学院哲学社会科学部派尹达和冯至去缅甸访问。他们于9月26日上午8时自北京起飞，路过成都稍作停留，下午2时至昆明，住东丰路国际饭店。我和冯至自从1946年离开昆明，转瞬将及二十年，我们时常想念那里的山山水水，人情风物。冯至这次本想利用路过昆明的机会寻访旧日的踪迹，可是东丰路地处昆明东南，距离当年西南联大在城西北活动的地区很远，时间有限，不能前往，他深感惆怅。次日由昆明起飞，于上午11时左右到缅甸首都仰光（前首都）。

缅甸于1962年成立军人政府，实行缅甸式的社会主义，有些新的变革，但冯至最深的感受是到"佛教国"。从仰光的大金塔到各地的佛塔，千千万万，数不胜数。据说在文化古城蒲甘从2世纪起始就建筑大小佛塔，共计四千四百四十六座，现有二百座塔正在修整，至于善男信女在寺内佛像面上贴金箔的，则到处可见。每天上午街上行人中僧侣众多，他们出来托钵乞食，施主都用最好的饭菜施舍给他们，他们过了正午时刻就不进任何食物了。

尹达和冯至于10月3日乘车到著名的曼德勒市，他们以曼德勒为中心参观游览了缅甸中部的城市农村，于9日清晨回到仰光。10月10日，在即将回国的前夕，中国驻缅大使馆裴秘书夫妇陪同他们拜访了《镜报》主编作家萨瓦纳，他的两个女儿给客人表演了婀娜多姿的泰国舞。他们在曼德勒也观赏过具有民族特色的缅甸舞蹈，当时冯至想到白居易《新乐府·骠国乐》里的诗句：

玉螺一吹椎髻耸，

铜鼓一击文身踊；

珠缨炫转星宿摇，

花鬘斗薮龙蛇动。

不料白居易一千一百五十多年前在长安写的这几句诗，还能用以来形容如今在曼德勒观看的缅甸舞。

写到这里，我再重复一句，以上冯至十二次在国外和国内几处的访问和工作，我都不在他身边，我只能从他的笔记本里摘录。但我摘录的除日程不能遗漏外，许多"大事"我都省略了，却记录了些不重要的"琐事"。这些"琐事"，我认为对于冯至或许更为亲切。

结束语

我这篇类似回忆录的东西从 1928 年写到 1965 年，现暂告结束。从 1966 年到现在又有二十五年有余，等于一个世纪的四分之一，我们这段时间的生活，将来有机会时（或者说有能力时）再继续写。

我为什么暂告结束呢？只因"文化大革命"那十年浩劫，人间的一切都违反常情，回想起来不知从哪里落笔。记得冯至被说成是双料"黑货"，既是反动学术权威又是文艺黑线上的人物，被赶入牛棚受批判时，我不仅没有跟他"划清界线"，反而觉得他更可爱。他常对我说："我越倒霉，你对我越好，我一帆风顺，你就看我有这样那样的毛病。"这确是实情。那时冯至被拘留在外文所，每星期六晚准许回家一次。我在外语学院虽未失却自由，也是每星期六晚才回燕东园，我回家总是比他回来得早。我一走进家中，什么事也不干，总是靠着窗子向外望，直到看见树木间出现一点亮光，看出是冯至手里拿着手电筒一步步地走近，我才把心放下。那种心情，跟我们年轻时的幽会有些相似。不过那时总是他等待我，这时却是我等待他。

在"文化大革命"中，我们从前所有的工作都被说得不只是"错误"，而且是"罪行"，我们也不知将来会怎样。否定了过去，看不清将来，因此也就没有真正的今天。天天过着"没有真正的今天"，真乃是"今日不知明日事，他生未卜此生休"。我还记得1970年外语学院全部师生都搬到湖北沙洋办五七干校。干校的校址设置在原来是劳改犯居住的一片泥土营房，周围十余里没有人烟。干校的领导叫大家谈体会，都要说这里怎样好，怎样好，可以在这里干一辈子革命，而不是一阵子。轮到我谈体会时，我也随声附和，说这也好，那也好，只是附带着说了一句："也有一点缺陷，这里没有火葬场。"

冯至的"罪状"不胜枚举，但他比较超脱。他亲眼看见响当当的"革命派"，一夜之间会成为"反革命"受到围剿，某风云人物昨天还出现在天安门城楼，今天就大字报铺天盖地，把他骂得狗血喷头，座上客成为阶下囚。这样的离奇变幻确实使人惶惑难解。冯至却常吟诵他的老师沈尹默的两句词以自解:"更寻高处倚危栏,闻看垂杨风里老。"

我若是把"文化大革命"中(包括我们在内的)种种离奇古怪的行为和想法搜集起来,也可以凑成一章。但是我不想写,也没有能力写。话说回来,仍然是我们在十年内没有过一个"真正的今天"。

那么,粉碎"四人帮"以后,尤其是十一届三中全会以来呢?我们有了过去,也有了将来,因之有了真正的今天。我们天天过的都是"真正的今天"。我在外语学院参加《新汉德词典》编写组的工作有十年之久。这部词典出版后普遍得到好评,远远胜过"大跃进"时编的那部《汉德词典》。冯至整理旧稿,撰写新篇,停顿了二十几年之后又写新诗,形成他新诗创作的第四个阶段。他在一篇《自传》的短文里说:

> 十一届三中全会后,拨乱反正,澄清了头脑里的一些混乱思想,好像又一次明确了文章应该怎样写,学问应该怎样做,力求实事求是,不作违心之论。

这是他的真心话。至于国内、国外在这些年内给予他的某些荣誉和称号,他为此不曾有过丝毫自满,却常感到惭愧。

在十年浩劫以前和十年浩劫以后，我们过的都是"真正的今天"，不过这十几年的"今天"还没有成为过去，没有成为历史，因此也就在我回忆的范围之外了。

（完）

本作品中文简体版权由湖南人民出版社所有。
未经许可,不得翻印。

图书在版编目(CIP)数据

我与冯至/姚可崑著. —长沙: 湖南人民出版社,2022.12
ISBN 978-7-5561-3092-4

Ⅰ.①我… Ⅱ.①姚… Ⅲ.①冯至(1905—1993)—回忆录 Ⅳ.①K825.6

中国版本图书馆CIP数据核字(2022)第198778号

我与冯至
WO YU FENG ZHI

著　　者:	姚可崑
选题策划:	领读文化
产品经理:	领读-孙旭宏
责任编辑:	陈　实　刘　婷
责任校对:	蔡娟娟
装帧设计:	尚燕平

出版发行:	湖南人民出版社有限责任公司[http://www.hnppp.com]		
地　　址:	长沙市营盘东路3号　邮编: 410005　电话: 0731-82683313		
印　　刷:	长沙超峰印刷有限公司		
版　　次:	2022年12月第1版	印　次:	2022年12月第1次印刷
开　　本:	880 mm × 1230 mm　1/32	印　张:	7.25
字　　数:	125千字		
书　　号:	ISBN 978-7-5561-3092-4		
定　　价:	49.80元		

营销电话: 0731-82683348(如发现印装质量问题请与出版社调换)